影响中国人的十大汉字

智

国学金故事

冯梦月　丁卉◎主编

台海出版社

图书在版编目(CIP)数据

智·影响中国人的十大汉字 / 冯梦月,丁卉编著.
--北京:台海出版社,2012.9

(国学金故事)

ISBN 978-7-5168-0030-0

Ⅰ.①智… Ⅱ.①冯… ②丁… Ⅲ.①品德教育-中国
-通俗读物 Ⅳ.①D648-49

中国版本图书馆 CIP 数据核字(2012)第 211193 号

智·影响中国人的十大汉字

编　　著:冯梦月　丁　卉

责任编辑:王　艳

装帧设计:天下书装　　版式设计:方国荣

责任校对:董宁文　　责任印制:蔡　旭

出版发行:台海出版社

地　址:北京市景山东街 20 号,邮政编码:100009

电　话:010-64041652(发行,邮购)

传　真:010-84045799(总编室)

网　址:www.taimeng.org.cn/thcbs/default.htm

E-mail:thcbs@126.com

经　销:全国各地新华书店

印　刷:北京一鑫印务有限责任公司

本书如有破损、缺页、装订错误,请与本社联系调换

开　本:710×1000　1/16

字　数:55 千字　　印　张:8.5

版　次:2012 年 11 月第 1 版　　印　次:2021年 6 月第 3 次印刷

书　号:ISBN 978-7-5168-0030-0

定　价:28.00 元

题记

小篆

金文

智

智慧是一种很奇妙的东西，看不到摸不着，却可以让拥有它的人强大，让没有它的人弱小。如本书《使楚不受辱》中，晏子出使到楚国，楚国人故意侮辱他，但是晏子不动一兵一卒，简单的一席话，便将对方侮辱了一番，顿时让身材矮小的晏子显得强大起来。

“机智应变”、“急中生智”告诉我们，智慧可以让人化险为夷，甚至反败为胜。很多时候，因为我们处于顺境之中，不知道自己的潜力有多大，不知道自己拥有什么程度的智慧。但是一旦处于逆境之中，或者处于危机状态时，智慧便伸出了它的利爪，将人从危急逆境之中解救出来。

三分天注定，七分靠打拼，聪明也是三分天生，七分后天培养的。而智慧与聪明不同，智慧完全是人后天积累而成的经验，然后在学习、生活和工作中发挥出来。连爱迪生都说：“世界上没有什么天才，天才是百分之九十九的勤奋加上百分之一的天分。”

人们只要遇事多加思考，多加判断，那么智慧就会慢慢得到提升。仔细阅读本书，看看古人是怎么样运用智慧为自己化解危难的吧！

智的含义

如果说聪明是按照等级来划分的话，那么最高级应该是升华到智了。但含有这种大智慧的人却是少之又少，我们将他们称为天才或者是智者，他们不是普通人，而是神一般的人物。而那些喜欢自夸聪明的人，最多只是有些小聪明。

一个有智慧的人，常常善于利用他们的聪明才智来化解身边的问题；一个有智慧的人，甚至能用他们的头脑来造福人类，帮助国家解决危难，流芳百世。他们激励着我们的成长。

而我国历史上一个著名的智者，大家都想得到吧，就是诸葛亮。他不仅仅是天才，还应该说是一个全才。他既是政治家、战略家、思想家，还上通天文、下晓地理，精通音律、艺术，真是前无古人，后无来者。虽然说有些夸张的成分在里面，但他的聪明是毋庸置疑的。但是同时也会产生疑问，他为什么会那么聪明呢？难道他一生下来就全懂了？

爱迪生说过一句话，，天才是百分之九十九的勤奋加上百分之一的天分！这句话是他在发明了电话、留声机，被人们所称赞以后所陈述的。由此也告诉了我们，我们所看到的那些天才，往往只是看到了他们风光的一面，而他们背后的努力也是成倍的。爱迪生为了发明做了不下千次、万次的实验，中间不成功，甚至弄伤自己的经历更是不计其数。达芬奇是意大利著名的画家，小时候却是个调皮的孩子，他的老师让他从画鸡蛋开始，刻苦练习，光画鸡蛋就画了整整六年。我国伟大的儒家代表人物孟子，也并非是神童，小的时候顽劣，为此他清贫的母亲一连迁了三个地方，这就有了日后的“孟母三迁”，然后孟子才慢慢有了后来的成长。法国著名作家莫泊桑，他的小说艺术性极强，故事真实感人，引人入胜，是福楼拜的徒弟，但也是一遍一遍地被他的老师退稿、批评、改正才发表的……

有了正面的例子，我再在这里举一个反面例子，可以加深理解。古时候还有一个叫做江淹的人，小的时候被人誉为神童，写诗作词有如神助，对文学颇有见解。他的父母喜不自禁，到处带着他炫耀，走访亲戚，让他当场作诗。大家都对着他夸个不停，于是他渐渐地骄傲了起来，觉得自己是上天的宠儿，得天独厚，什么都不放在眼里，也拒绝了先生的教导，更是听不得一点儿批评。时间久了，他发现自己很少再创作了，而人们老见他说不出任何新的东西，也开始不搭理他。这个时候，他开始静下心来学，却发现什么也做不出来，什么也看不进去了。

到这里我就不用多说了吧，做天才其实是很难的，但却是任何一个普通的人都可以做到的，只要你愿意比其他人付出更多的努力，懂得利用身边的资源，成为天才也就不是什么奇迹了。所谓“勤能补拙，笨鸟先飞”，就是通往成功的最好的阶梯。

冯梦月

目 录

人类的发展离不开文字，文字堆垒的国学是思维智慧的起源地。

——盛大文学公司首席执行官　侯小强

循循善诱，潜移默化，《国学金故事》带你在看美妙的图画故事的同时，认识更多的名人志士。

——腾讯网图书频道主编　沈瀚涛

从东方文明中寻求解决人类危机的资源和动力，不失为一个很好的维度。

——上海大学　刘忠教授

丰富有趣的卡通漫画，以这样的图书模式出版国学书，相信会受到孩子们的喜爱的。

——起点中文小说网 CEO　吴文辉

太公望姜尚

姜尚，名望，字子牙，时人尊称他为“师尚父”。素有大志，精通兵法，辅佐周武王灭商朝，建立西周。

姜尚生活的时代，正是贵族荒淫、政事腐败的商朝末年。他出身贫贱，传说曾在商朝的都城当过杀牛卖肉的屠夫，后来还在黄河边上的一个地方开过酒店。他亲眼看到了商朝统治者贪财好利、欺压百姓的可憎嘴脸，也目睹了下层人民饱受压迫、贫穷凄苦的悲惨景象，因而心中愤愤不平。

姜尚勤奋好学，尤其喜欢钻研兵法。他通过自己的刻苦努力，学会了治国用兵的本领。但是，在腐败的商朝末年，像他这样出身贫贱的人，根本没人把他放在眼里，他空有满腹学问却无用武之地！但是姜尚毫不灰心，耐心地等待时机，他相信，总会有人重视他的。后来，他听说周国的国君很重视人才，只要是有才干的人，就会被重用，而不考虑其出身。他还听说周国的国君正在到处访求人才，于是他想：我的一身本领终于有机会施展了。

姜尚的才华到七十多岁才得以施展，但他从未放弃。

这时的姜尚已经七十多岁了，但他还是毅然打点好行装，跋山涉水，不辞辛劳地赶到了周国。

姜尚这个人很古怪，他不愿意求别人重视他，只想让别人发现他的才能，然后去请他。也就是说他这个人很刚直，不会委屈自己去干什么事。据说他钓鱼时，不用弯钩，只用直钩，而且钩离水面三尺，还不用鱼饵。他老婆见他每次都钓不到鱼，觉得很奇怪，于是有一次就特意送饭给他吃，顺便去看看。老婆见他竟用直钩钓鱼，不禁大怒。她趁姜尚吃饭的时候，把鱼钩弯过来，很快就钓了许多鱼。这下可把姜尚惹火了，他把那些鱼全都放回水里，对老婆说：“钓鱼也要愿者上钩。一切都要顺其自然，怎么能勉强呢？”

姜尚说这些话的意思是，他是在等待时机，来获得王侯的赏识，以求大展宏图。因此他来到周国以后，每天在渭水边上钓鱼，盼望有一天周国的国君会发现他，跟他见面叙谈。

一天，周国的国君姬昌（也就是周文王）带着儿子和士卒到渭水边打猎，看见一个胡子花白的老头坐在河边钓鱼。他们的大队人马经过时，那个老头子始终钓他的鱼，连瞧都不瞧一眼，好像没事一样。周文王很好奇，于是下车走过去探看。当他看到姜尚钓鱼的方法时，更是感到惊奇，就主动跟姜尚讲

话。姜尚头也不抬一下，只是问：“来的是什么人？”

文王说：“我是姬昌，今天出来打猎，凑巧碰上您，特意向您请教。”

姜尚说：“我还以为是专门来礼贤下士的，没想到却是逢场作戏，你还是打你的猎吧，老夫靠钓鱼为生，没什么可以指教的。”

文王有些失望，但他转念一想，觉得这个人肯定是个奇人，便决定下次再访。

三天以后，他带着礼物专门拜望姜尚。姜尚见他有诚意，便同他交谈起来。二人越谈越投机，从钓鱼谈到打仗，从家常谈到国事，从政治谈到军事。文王见姜尚讲得头头是道，高兴地说：“我父亲太公在世时曾经说过，将来一定会有能人帮助周国兴盛的，你就是我父亲盼望的人啊！今天终于让我盼到了！”

就这样，姜尚被周文王请来帮助治理国家。后来，他辅佐周武王伐纣，建立了周朝。因为他是文王的父亲太公所盼望的人，因此，人们都尊称他为“太公望”。

姜尚钓鱼，最终真的是“愿者上钩”。这件事从此传为美谈，流传后世。

《史记·齐太公世家》《武王平伐纣话》

本篇成语解释：

1.【跋山涉水】跋山：翻山越岭；涉水：水过河。形容长途远行的艰苦。

2.【礼贤下士】对有才有德的人以礼相待，对有才能的人不计较自己的身份去结交。

3.【头头是道】形容说话做事有条有理。

使楚不受辱

晏婴，字平仲，夷维（今山东高密）人。春秋时齐国大夫，三朝元老。以节俭力行、谦恭下士著称于世。为人贤明，善于讲话。在外交方面很有才干。

春秋时，齐国大夫晏婴（史书上多称他为晏子）有一次奉命出使楚国。楚王素来看不起齐国，便想趁这个机会羞辱一下齐国，而恰恰晏婴个子不高，楚王就想在这上面做文章。他跟群臣商议说："晏婴这个人，身材矮小，但是名气却很大，各国诸侯没有不知道他的。我们楚国是个大国，我想把他羞辱一番，扬我国威。你们有什么办法，只管告诉我！"

没过多久，就有一个大臣说："晏婴他讲话很厉害，弄不好我们要吃亏的。不过，我倒有一个办法可以让他难堪。"

楚王连忙问："什么办法？"

那个大臣走到楚王身边，在他耳边悄悄地说了几句话。楚王觉得他的主意不错，连连点头。

第二天，晏婴一行人到达了楚国都城外看到楚国都城的大门紧闭着，就停下车，请前来接待的官员打开城门。可是接待的官员却说："这个侧门对于你来说已经足够大了，为什么还要开大门呢？"说完就在前面带路，想把晏婴这些人引到小门去。

晏婴心里很清楚，身为一个国家的使者，如果出使另一个国家而不能从都城的大门进去，就意味着那个国家瞧不起自己的国家。这是多大的耻辱啊！

他故意不作声，决定将计就计，也给楚国人一点颜色看看。他想出了一个好办法，对楚国官员说：“这是狗门，不是让人进出的门。只有出使狗国的人，才从狗门出入；今天我出使的是楚国，怎么能从狗门进去呢？”

那官员一听，知道晏婴是在骂楚国，心里十分恼火，但是由于自己理亏，所以也不好发作，只得乖乖打开大门，请晏婴进城。这真是偷鸡不成蚀把米啊！

楚王对这件事一直耿耿于怀，便想伺机报复。当晏婴入宫拜见他时，他望着身材矮小的晏婴，故意问：“齐国难道没有人了吗？”

晏婴一听，知道楚王又在利用自己的缺陷侮辱齐国，就故意回答说：“在我国的都城，人们呵气可以成云，挥汗可以成雨，在路上来来往往，肩膀挨着肩膀，脚尖顶着脚跟，怎么会没有人呢？”

“既然如此，为什么派你这样的小个子为使者呢？”楚王说。

晏婴毫不示弱，说：“我们齐国任命使者是有规定的，贤明的使臣派去见贤明的国君，不贤明的使臣则派去见不贤明的国君。我没有什么才干，又长得这么矮小，所以被派到楚国来了。”晏婴借这句话又骂了楚王不贤明。楚王很不高兴，但又不好发作，只得干瞪眼。

不久后，楚王设宴款待晏婴。酒正饮到兴头上，只见几个武士押着一个囚犯从殿下经过，楚王突然问：“这个人犯了什么罪？是哪国的人？”

智慧的人在遇到间题时往往是不动声色，但心中已有对策。

武士回答说："犯了盗窃罪，他是齐国人。"

楚王故作惊讶地望着晏婴，对他说："请问先生，是不是齐国人一向喜欢偷盗啊？"

晏婴知道这又是楚王在设计嘲笑齐国，就离开座位，走上前说："我只知道齐国人在齐国不偷不盗，但到了楚国却又偷又盗，是不是楚国的社会风气不好，使他变坏了呢？我认为这与齐国没有什么关系，您说是吗？"

楚王被问得哑口无言，不知该怎么辩解，最后满脸羞愧地承认说："有德行的贤人是不可以随便嘲弄的啊！今天我算是领教了。"于是他以贵宾的礼节招待晏婴，再也不敢瞧不起齐国了。

《晏子春秋·内篇·外篇》《史记》（卷 62）

本篇成语解释：

1.【针锋相对】针尖对针尖。比喻双方的思考、言行等尖锐地对立。
2.【偷鸡不成蚀把米】比喻想取巧成事反而自招损失。
3.【哑口无言】无话可说或沉默不语。多形容理屈词穷的样子。

智慧的晏婴用巧妙的语言应对他人的攻击，不露声色却令人佩服。"橘生淮南则为橘，生于淮北则为枳，叶徒相似，其实味不同。所以然者何？水土异也。"晏子的这句话也流传至今。

曹刿论战

拥有长远的眼光才可以称之为智者。

曹刿，即曹沫。春秋时鲁国大夫。精通兵法，智勇过人。

春秋时期，诸侯国之间经常发生战争。当时的齐国（在今天山东省中部），经济实力雄厚、军事力量强大；而鲁国（在今天山东省南部），经济和军事都比较弱。

大家知道，从来都是强者欺侮弱者。齐国就是这样，仗着自己比鲁国强，就妄图消灭鲁国。公元前684年，齐国派出大军，浩浩荡荡地去攻打鲁国。

鲁国的国君鲁庄公没有考虑到自己国家的实际情况，只是觉得很气愤，便决定前去迎敌。鲁国有个叫曹刿的武士，听到这个消息以后，要去见鲁庄公。曹刿的乡亲们都劝阻他说："国家的大事，还是让当官的人去考虑吧，你又何必多费心思呢？"

曹刿严肃地说："这就不对了，国家的事就是我们自己的事。你想想看，如果国家灭亡了，我们还会有好日子过吗？那是做亡国奴啊！那些当官的人容易冲动，目光短浅，没有什么长远打算，我一定要帮他们出出主意！"

曹刿见了鲁庄公，就问他："齐国力量强大，您准备用什么去跟他们打仗呢？"

鲁庄公说："我对朝中的人都很好；我敬神也恭恭敬敬。这些官员和神灵都会帮我的。"

曹刿说："您不能靠当官的人去打仗啊，而且神灵也不一定能保证您打胜仗啊！"

鲁庄公说："我对人民大大小小的诉讼案件，都能根据实际情况慎重处理。人民也会支持我呀！"

曹刿这才高兴地说："这才是尽力为老百姓办事啊！就凭这一点，您可以跟齐国打仗了。我虽然没有大的本事，但也想报效国家，请允许我上前线作战吧！"

鲁庄公见曹刿很诚恳，又确实是在为国家考虑，而且他正需要个帮手，就答应了。于是，鲁庄公便和曹刿同乘一辆战车，到前线指挥作战。他们在长勺（今山东莱芜以东）与齐军相遇，双方立即摆开阵势。齐军擂起战鼓，冲杀过来。

这时，鲁庄公也想擂鼓出击。曹刿连忙阻止说："不行！"于是鲁军按兵不动，严加防守，齐军的第一次进攻很快就被瓦解了。过了一会儿，齐军又擂响第二通战鼓，冲杀过来。鲁庄公忍不住，又想擂鼓反击，却又被曹刿制止了，结果齐军的第二次进攻又没达到目的。

齐军不甘心，很快又擂响了第三通战鼓，但士兵们已经没有什么士气了，都懒洋洋的、打不起精神。

这时，曹刿对鲁庄公说："我们可以擂鼓出击了。"顿时，鲁军这边战鼓声惊天动地，将士们勇气十足，向齐军猛杀过去。齐军根本抵挡不住，刹时溃不成军，大败而逃。后来鲁军乘胜追击，把齐军赶出了鲁国国境。

鲁庄公打了个大胜仗，但他非

常不理解曹刿指挥作战的道理。曹刿说："打仗靠的是士气。第一次击鼓冲锋，士气最旺盛；第二次击鼓冲锋，士气就衰退了；到第三次击鼓冲锋时，士气已经完全低落了。而这时我们第一次击鼓进攻，士气最旺盛，能很快击退敌人也就不足为奇了。我认为，也只有这样——以我们的强对敌人的弱，才能最终获胜。"

鲁庄公听了以后，对曹刿非常佩服。这之后，鲁庄公就让曹刿做了鲁国的将军。

《左传·庄公十年》

本篇成语解释：

1.【按兵不动】按：控制。控制军队不发或不予救援。后亦泛指接受任务后不肯行动。

2.【惊天动地】形容声势极大。

3.【不足为奇】不值得奇怪。多指某种事物或现象很平常，没有新奇之处。

曹刿为后世留下了"一鼓作气，再而衰，三而竭"的真知灼见。真正的智者应当有长远的眼光，丰富的知识与独特而精准的见地。

智对孔夫子

敢于提出疑惑是获取知识的第一步。

项橐，春秋时期著名的神童。

孔子是我国春秋末期著名的教育家，他的学生相传有三千多人。但是当时有一名少年，却凭着自己的聪明才智把孔子难倒了，成了孔子的“老师”。你知道他是谁吗？他就是项橐。

项橐从小就活泼好动，爱动脑筋，凡事都要问个“为什么”，而且他提的问题常常都很怪，把一些大人都难住了，因此人们都怕他提问。

一天，孔子乘着马车周游列国，来到了一个地方。他隐隐约约地看见前面的路上有一堆土，挡住了去路。等到走近了，他便下车去察看，这不看不要紧，一看把他吓了一跳，原来这堆土里面坐着一个孩子。他迷惑不解，心想：一个小孩子不在家里玩，跑到路上坐在一堆土里干什么呢？

于是孔子就轻声细语地问小孩：“你在这儿干什么呢？看见马车来了怎么不躲开？”

那孩子眨了眨眼睛，回答说：“我在这里筑城，这就是我的城，我是这座城的首领。你是什么人呢？竟然要我的城让你的马车？我还没有听说过城让车的，只有车避开城的嘛！”

孔子说：“我是孔丘（孔子的名字），正巧路过这里，没想到被你的‘城’挡住了去路，只好问个水落石出。真的不能让我过去吗？你这个调皮的孩子。”说完他和善地拍了拍小孩的头。

小孩说：“哦，您就是孔夫子呀。我听说孔夫子上晓天文，下知地理，中通人情。可是您却连车子避城，而不是城避车子的道理都不懂，我看，是人们过分赞扬你了，原来你并不怎么样！”

孔子听了以后，愣了一下，心想：这孩子口气倒不小！于是他就问：“你叫什么名字？”

孩子答道：“我叫项橐。”

孔子为了挽回面子，就出了一连串问题想难住项橐：“你的嘴很厉害，我想考考你，听好了。什么山上没有石头？什么水里没有鱼儿？什么门没有门闩？什么车没有轮子？什么牛不生犊儿？什么马不产驹儿？什么刀没有环？什么火没有烟？什么男人没有妻子？什么女人没有丈夫？什么天太短？什么天太长？什么树没有树枝？什么城里没有官员？什么人没有别名？”孔子一口气说完了这么多问题，以为可以难住项橐。

项橐毕竟不是一般的孩子，他稍微想了想，不紧不慢地回答说：“您听着——土山上没有石头，井水中没有鱼儿，无门扇的门没有门闩，用人抬的轿子没有轮子，泥牛不生犊儿，木马不产驹儿，砍刀上没有环，萤火虫的火没有烟，神仙没有妻子，仙女没有丈夫，冬天白日里短，夏天白日里长，枯死的树木没

有树枝，空城里没有官员，小孩子没有别名。”

他接着反过来问孔子：“鹅和鸭为什么能浮在水面上？鸿雁和仙鹤为什么善于鸣叫？松柏为什么冬夏常青？”

孔子回答以后，项橐说不对，并一一用自己的答案反驳，孔子终于无话可说。

孔子觉得这个孩子知识渊博，连自己也辩不过他，只得拱拱手连声说道：“后生可畏，后生可畏啊！”说完便驾着马车绕道走了。

《论语》

本篇成语解释：

1.【水落石出】比喻真相大白。

2.【后生可畏】后生：青年人。青年人可以超越先辈，他们是值得敬畏的。

智者相对，不关乎年龄的长幼，而关乎思考能力的强弱。真正的智者是不畏权威，敢于挑战的！

设计立太子

吕不韦，战国时卫国濮阳（今河南濮阳西南）人，原为阳翟（今河南禹州）大商人，后来做了秦国丞相，封为文信侯。精打细算，善于投机。有《吕氏春秋》流传于世。

懂得透过现象看本质的人才是智者。

战国时期，随着农业、手工业的发展，私营商业也日益兴盛。当时涌现出了一大批活跃的商人，有些当了大官的人也弃官从商。但是也有些商人很有政治头脑，他们用经商之道来从政。

吕不韦就是这样一个人。他通过对政治进行商业投机，做成了一桩本小利大的买卖——帮助秦国的异人成为太子。后来异人做了秦庄襄王，吕不韦也得以成为秦国的丞相。真的是一本万利哩！

有一年，吕不韦到赵国都城邯郸做生意，偶然间碰到了秦国的公子异人。异人是当时秦国国君秦昭王的孙子，太子安国君的儿子。安国君这时已被立为太子，也就是说，安国君在秦昭王死后就可以即位做秦王。那么如果能把异人立为太子的话，安国君死后，异人就可以做秦王了。

而当时异人正在赵国做人质。他为什么会在赵国做人质呢？因为秦国多次进攻赵

国，想灭掉它，但都没有成功。秦国后来干脆同赵国和好，想用外交的方式来逐步征服赵国，并赢得时间去攻打别的国家。为了取得彼此的信任，按照当时的习惯，要互换国君的亲属作为人质。就这样，秦昭王把自己的孙子异人送到了赵国，作为人质。

异人一个人在异乡，孤苦伶仃，处境悲惨，到处受人欺侮，恰恰这时吕不韦遇上了他。吕不韦很有政治眼光，觉得可以利用异人使自己在政治上大展宏图。机不可失，时不再来，他马上构想了一个宏伟的计划，并准备实施。

不久，吕不韦主动去拜访异人，对他说：“我能让你飞黄腾达。”异人以为吕不韦在开玩笑，因为秦昭王有二十多个孙子，即使要立太子也轮不到他，何况他现在在赵国做人质，处境困难。于是他说：“你自己发财还来不及，怎么顾得上我呢？”

吕不韦说：“你不知道，只有使你先发达了，我才能发达呀！”异人听出他话中有话，就请他坐下细谈。

吕不韦说：“秦昭王老了，安国君做了太子。听说安国君最宠爱华阳夫人，只有华阳夫人能立继承人，但她又没有儿子。你兄弟二十多人，你排行中间，又长期在外做人质，与大王关系很疏远。一旦大王去世，安国君做了秦王，你哪有机会去争做太子呢？”

异人说：“是啊！但我也没有办法啊。”

吕不韦说：“事在人为嘛。你客居此地，没有机会孝敬长辈，也没有办法给他们留下好印象。不过，我现在可以拿出钱来让你到秦国去活动活动，使安国君和华阳夫人立你为太子。”

异人喜出望外，当即向吕不韦叩头表示感谢，并说：“如果有一天我被立为太子，那么我做秦王时，一定把秦国的一半江山给你！”

就这样，异人拿着吕不韦给他的一大笔钱，买了许多珍奇玩物、宝贝珠玉，送给华阳夫人的姐姐，求她去劝说华阳夫人立他为太子。华阳夫人的姐姐于是说了异人许多好话。渐渐地，华阳夫人对异人产生了好感，后来终于被说服了。她又在丈夫安国君耳边说异人的好话，说异人是如何如何的孝顺、贤德。最后，安国君立异人为太子，并且刻了玉符起誓，确定异人为将来的继承人。

公元前250年，安国君即位做了秦孝文王，但他登上王位才三天就去世了，于是异人即位，是为秦庄襄王。

果然，秦庄襄王让吕不韦担任丞相，这样秦国的大权便开始操纵在吕不韦手中了。吕不韦的政治投机买卖终于成功了。

《战国策·秦策》《史记》（卷八十五）

本篇成语解释：

1.【一本万利】形容本钱小，利润大。
2.【孤苦伶仃】孤单困苦，无依无靠。
3.【机不可失】时机难得，不可错过。

想要用小投资获得大利益，关键在于看透事情的本质，并巧妙地抓住时机。

赛马巧取胜

孙膑，战国时齐国阿鄄（今山东阳谷东北）人。著名军事家。精通兵法，很有计谋。著有《孙膑兵法》。

战国时期，各国盛行赛马活动，在齐国这种活动更是十分流行。齐国国君齐威王也非常喜欢这种活动，他经常同朝廷的官员们赛马。由于他的马都是好马，所以很少输。

齐威王手下有个将军田忌也迷上了赛马，到处搜寻好马，想赢过齐威王。但是每次赛马，他都输给齐威王。田忌很不服气，但是又觉得无可奈何，因此每次输马以后，就一个人闷坐在家里喝酒，埋怨自己的马不如国君的强。

一天，田忌又输了，他非常不高兴。回到家里后，又疯狂地喝起酒来，并且自言自语道："其实我的马也不差呀！为什么总是输呢？难道真的是我的运气不好？唉，烦死我了！烦死我了……"

恰巧这时田忌的一个参谋——孙膑在旁边。孙膑见田忌不高兴，就问他："将军怎么又一个人喝闷酒呢？是不是有什么不顺心的事情啊？说出来让我听听，看我能不能帮您一点忙？"

田忌说："今天我特意用刚买来不久的几匹良种马去比赛，没想到还是输

给了齐威王。我原本以为这次肯定能赢，可结果呢？唉！真让人扫兴。”说完，又倒满了一杯酒，一饮而尽。

由于平时田忌对孙膑很好，孙膑总想报答他，而这正是一个机会。于是孙膑想去弄个明白，为什么田忌总是会输。

一天，田忌又和齐威王赛马，孙膑就跑去看。他仔细观察了双方的马匹，发现两人的马匹确实是不相上下。他还发现，田忌之所以总是输，是因为他的策略不对。田忌总是拿上等马对齐王的上等马、中等马对齐王的中等马、下等马对齐王的下等马，而从总体上说，齐王的马比田忌的要好，因此田忌输马就不足为奇了。

孙膑皱了皱眉头，很快便想出了一个计策。等田忌又垂头丧气地回到家里以后，孙膑就马上去找他，说：“将军如果下次让我陪您一起去赛马，我保证有办法让您取胜。”

田忌将信将疑，但还是非常高兴，因为他知道孙膑很有计谋，说不定真能帮自己一把。

过了十天，赛马又开始了。田忌在比赛前一天就早早地做好了准备，他鼓足了干劲，想再拼一次。比赛这一天，天气晴朗，看热闹的人从四面八方蜂拥而来，人山人海，整个赛场热闹得不得了。

田忌这一次还主动和齐威王下了一千两黄金作赌注。比赛就要开始了，孙膑对田忌说：“等会儿你先用你的下等马和齐王的上等马赛，然后用你的上等马对齐王的中等马，再用你的中等马对齐王的下等马。”

想要解决问题必须先去了解问题、剖析问题。

田忌听后，连连说：“好，就按你说的去办。”

果然，虽然第一局田忌输了，但第二局他的上等马毫不费力地就赢了齐王的中等马，第三局又以中等马轻易地赢了齐王的下等马。结果，田忌两胜一负，赢得了比赛，赚回了一千两黄金。

由于比赛结果很出乎齐王的意料，于是他就问田忌用了什么好办法，田忌如实地说是孙膑的主意。齐王觉得孙膑确实很有谋略，是个人才，不久后就任命孙膑为齐国的军师。

《史记·孙子吴起列传》

本篇成语解释：

1.【将信将疑】有些相信，又有些怀疑。
2.【四面八方】各个方面，或各个地方。
3.【人山人海】形容聚集在一起的人非常多。

智者之所以被称为智者，是因为他们善于发现问题的根源所在，从而由根源处解决常人不能解决的问题。

赵奢破秦军

赵奢，战国时期赵国将领。精于用兵，善于理财。他本来是管理全国财政和税收的官吏，后来因巧妙用兵化解了阏与之围，因而声名鹊起，被封为马服君。

公元前270年，秦国突然进攻赵国，很快便打到了赵国的阏与（今山西和顺县西部），并且把阏与紧紧地包围起来。

阏与是赵国西部的军事重地，地理位置非常重要，如果被秦军攻破的话，赵国的都城邯郸将会受到威胁。因此赵王非常重视，急忙召集大将们商量对策。

但是，将军们都说阏与距离都城太远了，而且路又不好走，无法救援，都主张放弃。正当赵王束手无策的时候，一个文官站了出来。赵王一看，原来是赵奢，忙问他有什么良策。赵奢果断地对赵王说："正如刚才各位将军所说，阏与地处边境，道路艰难。但是，也正是因为这样，所以才对双方都不利呀！我们要知道，对我们不利，同时也对秦军不利嘛！这就有点像两只老鼠在洞穴中打斗，谁也不占便宜，哪一只勇敢些，就更可能取得胜利。"

赵王觉得赵奢的这些话很有见地，便马上任命他为大将军，率兵去解阏与之围。赵奢随即率领五万大

军，一路急行赶往阏与。但奇怪的是，他们的军队刚刚离开都城邯郸不到三十里，赵奢就下令全军停止前进，并命令说：“不论是谁，只要他在作战问题上提出什么建议，一律处死！”接着，他又下令全军将士修筑营垒，坚守不出。

这些命令让将士们迷惑不解，他们私下里窃窃私语，议论纷纷。不久后，有一部分秦军到了邯郸西面的武安（今河北邯郸西北），与赵军对峙。秦军每天在武安城外操练军队示威，人喊马叫，战鼓敲得咚咚响，声音大得要命，武安城内房屋上的瓦片都被震动了。

言出必行才能威信于他人。

赵军将士们见秦军那么猖狂，心中十分气愤。这时，有个军官忍不住了，就建议派兵去救援武安。赵奢二话不说，立即下令把那个军官处死，从此，就再也没有人敢议论军情了。

赵奢的部队在原地一动不动，足足停留了二十八天，他不让士兵们干别的事，只是让他们不断地修筑营垒，加固工事。

秦将见赵奢一直按兵不动，很是奇怪，就派间谍去探听情报，但间谍被赵奢抓住了。赵奢不仅没有杀死间谍，反而让他大吃了一顿，又把他放了回去。间谍回去后马上向秦将报告了情况。秦将喜出望外，说：“赵奢是怕我们，他们不敢来，所以才不停地加固工事。”于是产生了麻痹的思想，放松了警惕。

赵奢一放走间谍，便马上命令军队全速前进。赵军日夜不停地赶路，只花了两天一夜的工夫，就到了阏与。

秦军正在饮酒作乐，突然看到赵军来了，弄不清是怎么回事，以为是来了神兵赶忙命令部队出击。但是，赵奢早就占领了阏与附近的一个山头。秦军发起进攻时，赵军居高临下，与城内的赵军上下夹攻，大败秦军。阏与之围终于被解除了。

在这次战役中，赵奢运用了计谋：他先设法迷惑秦军，使秦军防备松懈，然后再出其不意，突然袭击，最终大败秦军。可见，赵奢实在是一个文武双全的人啊！

《史记·廉颇蔺相如列传》

本篇成语解释：

1.【声名鹊起】鹊起：如鹊惊起。形容名望迅速提高。

2.【窃窃私语】私下小声说话。

3.【喜出望外】遇到出乎意料的喜事而特别高兴。

4.【文武双全】文才与武功同时具备，才能杰出。

巧舌淳于髡

淳于髡，战国时齐国大臣。颇有口才，关心国家大事。

越是被别人瞧不起的梦想，就越有实现的价值。

淳于髡从小就聪明伶俐，但他个子矮小，别人都瞧不起他。他经常想：现在你们都瞧不起我，将来我一定要干一番大事业，让你们再也不敢小看我。于是他拼命地读书，由于他几乎是过目不忘，因此知识增长很快。他也喜欢把书上的东西讲给别的小孩听，或者与别的小孩就某个问题展开争论。慢慢地，他变得能言善辩了，而且名气也越来越大，后来还在朝廷做了官。

这时候，齐国的国君是齐威王。他很有作为，在他的治理下，齐国比以前强盛多了，但南方的楚国却仗着自己比齐国稍微强大一点儿，就出兵侵犯齐国。齐国的情况十分紧急。

齐威王想派一个使者到赵国去请求援助，但想来想去，却想不到一个合适的人选，这些人不是胆小如鼠，就是有勇无谋。“派谁去呢？派谁去呢？”齐威王自言自语地说着，显得非常着急。突然，他在一个不起眼的角落里看到了一个个头矮小的人，这个人就是淳于髡。齐威王觉得他也许能担负起这个重任，因为他想起了一件事。

那是几年以前的事了。当时齐威王整天只知道享乐，不理朝政，但又没人敢劝谏。一天淳于髡来拜见齐威王，对他说：“听说咱们齐国有一只奇怪的大鸟，它知道国王爱玩鸟，就凌空飞来，一眨眼工夫就飞到了王宫。它在王宫已经有三年了，却从来不飞一下，也不叫一声，您说这鸟怪不怪？”

齐威王听完以后，想了想，觉得淳于髡话里有话。他琢磨了一会儿，终于明白过来，原来淳于髡是借鸟说人，说他在宫中只知玩乐而不理朝政。他觉得不能再这么下去了，便下定决心改掉以前的陋习，振兴国家。于是他说：“别看这鸟三年不飞，它一飞就能冲天；别以为它三年不鸣，一鸣就能惊人哩！”

果然，他很快便召集齐国七十二个县令，奖励那些有功劳的，惩罚那些懈怠的、犯法的，使得国内各方面都焕然一新。接着他又派兵平息了国内作乱的诸侯。

想到这里，齐威王觉得淳于髡确实是个人才，能够胜任这个任务，便决定让他到赵国去搬救兵。

第二天，他让淳于髡带着十辆车马，装上一百两黄金出使赵国。哪知道淳于髡见到这些东西，立刻哈哈大笑起来，齐威王被他笑得丈二和尚摸不着头脑，便问：“您为什么放声大笑？是不是嫌这些东西少了？”

淳于髡不想让齐威王难堪，便决定找个台阶让他下，保住他的面子，于是就说“不是少了，怎么会少呢？您做的事错不了。”

齐威王不肯罢休，又说：“先生刚才到底在笑什么呀？”

淳于髡说：“今天我从家来宫里的途中，看见路旁有个农民在田边拜求田神赐个丰收年，我看他的祭品就只有一只猪蹄和一杯酒，那个农民嘴里念叨着：‘田神啊田神，请您保佑我五谷丰登，米粮满仓吧！’他却不知道他的祭品那么少，而想得到的却那么多，神会保佑他吗？不可能。所以我禁不住要笑他。”

齐威王领悟了淳于髡话里隐含的意思，知道送给赵国的东西太少了，赵王不会答应派救兵的。于是他马上给了淳于髡黄金一千两，车马一百辆，白璧十对。

淳于髡带着这些丰厚的礼物，出使赵国，搬来了十万赵兵。楚国闻讯，知道打不过齐赵联军，便立即撤兵走了。

《战国策》

本篇成语解释：

1.【过目不忘】形容记忆力特别强。

2.【胆小如鼠】胆子小得像老鼠。形容非常胆小。

3.【一鸣惊人】一叫就使人震惊。比喻平常不露声色,突然做出惊人的事情。

4.【焕然一新】焕然：光明的样子。亮堂堂使人看到新的气象,产生新的感觉。

5.【五谷丰登】形容年成好,粮食大丰收。

羊皮换大臣

秦穆公，一作秦缪公，春秋时代秦国国君。嬴姓，名任好。在位三十九年（公元前 659 年——公元前 621 年）。谥号穆。在部分史料中被认定为春秋五霸之一。

公元前 655 年，秦穆公派公子絷到晋国代自己去求婚。晋献公把大女儿许配给秦穆公，送了一些奴仆作为陪嫁，其中有一个奴仆叫百里奚。

他是虞国的亡国大夫，很有才能。晋献公本想重用他，但百里奚却宁死不从。这次，有个大臣对晋献公说："百里奚不愿做官，就让他做个陪嫁的奴仆吧。"

公子絷带着百里奚等回国时，半道上百里奚却偷偷逃走了。

秦穆公和晋献公的大女儿结婚后，在陪嫁奴仆的名单中发现少了百里奚，就追问公子絷。公子絷说："一个奴仆逃走了，没什么了不起。"

朝中有个从晋国投奔过来的武士叫公孙枝，把百里奚介绍了一番，认为他是个贤才。于是，秦穆公一心想找到百里奚。

再说百里奚慌乱中逃到了楚国的边境线上，被楚兵当作奸细抓了起来。

真的智者，别人做不了的他能做，别人做得了的他能做得更好。

百里奚说：“我是虞国人，有钱人家看牛的，国家灭亡了，只好出来逃难。”

楚兵见这个六七十岁的老头子一副老实相，不像个奸细，就把他留下来看牛。

他竟真有一套牧牛的本领，把牛养得都很肥壮，大家给他送了个雅号——“放牛大王”。楚国的君主楚成王知道后，就叫他到南海去放马。

后来秦穆公总算打听到百里奚的下落，就备了一份厚礼，想派人去请求楚成王把百里奚送到秦国来。

公孙枝说：“这可万万使不得。楚国让百里奚看马，是因为不知他是个贤能之士。如果您用这么贵重的礼物去换他回来，不就等于告诉楚王，你想重用百里奚吗？那楚王还肯放他走吗？”

秦穆公问：“那你说说怎样弄他回来？”

公孙枝答道：“应该按照现在一般奴仆的价钱，花五张羊皮把他赎回来。”

一位使者奉命去见楚王，说：“我们有个奴隶叫百里奚，他犯了法，躲到贵国来了，请让我们把他赎回去办罪。”说着献上五张黑色的上等羊皮。

楚成王想都没想，就命令把百里奚装上囚车，让秦国使者带回去。

秦穆公亲自召见百里奚，一看，原来是个老头，不觉脱口而出道：“可惜啊，年纪太大了。”

百里奚说：“大王，如果您让我追逐天上的飞鸟，或者去捕捉猛兽，臣确实太老了；但如果和大王您一起商讨国家大事，臣还不算老呢。”

秦穆公一听，不由肃然起敬道：“我想让秦国超过其他的国家，您有什么办法吗？”

百里奚说：“秦国虽在边陲地区，但地势险要，兵马强悍，进可以攻，退利于守，我们要充分利用自己有利的条件，乘机而进。”

穆公听了，觉得百里奚确是个不可多得的人才，就封他为上卿，治理国事。谁知百里奚连连摆手说：“大王，臣有个朋友叫蹇叔，他的才能远远胜过我，请大王封他为上卿吧。”

秦穆公一听还有比百里奚更能干的人，连忙派使者带着重金，到蹇叔隐居的地方请他出山。

蹇叔为了让自己的好友百里奚能安心地留在秦国佐政，便随着使者来到了秦国。秦穆公高兴极了，他对蹇叔说：“百里奚多次对我说到你的才能，我很想听听你的意见。”

蹇叔说：“秦国之所以不能立于强国之中，主要是威德不够。”

秦穆公说：“那么怎样才能做到呢？”

蹇叔说：“治法要严，别的国家就不敢欺负您；对百姓要宽容，人民就会拥护您。要想国家强盛，必须教民礼节，贵贱分明，赏罚公正，不能贪心，也不能急躁。我看今日许多强国，霸业已经衰退，秦国一步一步富强起来，称霸的日子就不远了。”

秦穆公被蹇叔的一番话说得心服口服，心花怒放，于是封

聪明人注重细节，而智者注重整体。

百里奚为左庶长，蹇叔为右庶长，称为“二相”。

由于百里奚是用五张公羊皮赎回来的，所以人称其为“五羖大夫”。

百里奚又向秦穆公推荐了蹇叔的儿子西乞术、白乙丙。没多久，百里奚的儿子孟明视也投奔到秦国来，被秦穆公拜为将军。

由五张羊皮换来五位贤人的故事，成为千古佳话。

《东周列国志》

本篇成语解释：

1.【肃然起敬】肃然：恭敬的样子；起敬：产生敬佩的心情。形容看到、听到或想到某一动人的事迹后出现的恭敬、钦佩的态度和心情。

2.【心花怒放】形容内心高兴极了。

聪明人知道自己能做什么。而智者明白自己不能做什么。聪明人能把握机会，知道什么时候该出手，而智者知道什么时候该放手。因此，拿得起来的是聪明人，放得下的才是智者。

少年外交官

甘罗，战国末期秦国大臣。年轻有为，机智勇战，在历史上传为“神童”。官至上卿。

战国时，秦王派遣大臣蔡泽去燕国拆散燕国和赵国的联盟。由于当时秦国比较强大，而燕国比较弱小，燕国为了讨好秦国，就派太子丹到秦国做人质，以表示对秦国的友好，加强两国间的关系。同时燕国又请秦王派一个大臣到燕国去当丞相。

这时，秦国大臣文信侯吕不韦认为，攻打赵国的时机已经成熟，便决定派另一个大臣张唐到燕国去当丞相，商量联合出兵的事情。

谁知道张唐不肯去燕国，他推辞说：“到燕国去，一定要经过赵国。我以前带兵攻打过赵国，赵王还悬赏一百里土地买我的脑袋哩！所以，我不能去燕国，否则，岂不是送死？”

吕不韦很不高兴，闷闷不乐地回到家里，因为他不知该派谁去好。当时侍奉他的是一个十二岁的孩子甘罗，他是秦国前丞相甘茂的孙子。甘罗见吕不韦不高兴，就问他：“您为什么不高兴啊？”

吕不韦说：“我想联合燕国去攻打赵国。我已经派蔡泽去燕国做官了，燕国也已经派了太子丹来做人质。现在我想派张唐到燕国去做丞相，但他却不肯去，真是令人头痛啊！”

甘罗思考了一下，说：“也许我能说服他去燕国，您能让我试试吗？”

吕不韦大声斥责甘罗说：“走开！我亲自去请他，他都不肯去，你如果能请得动他，那岂不是怪事？”

甘罗不服气地说：“从前有个项橐，传说他七岁就当了孔子的老师，现在我都十二岁了。我要是请不动他，您再骂我也不迟！让我试试吧！”

吕不韦觉得他言之有理，就让他去找张唐。

甘罗见了张唐，便问他：“您跟武安君白起相比，谁的功劳大？”

白起是秦国名将，立过大功，到南面打败过强大的楚国，到北边打败过燕国和赵国，而且他每战必胜，每攻必取，不知打了多少次胜仗，夺了多少座城池。张唐心里十分清楚，因此他说：“我哪比得上白起呢？”

甘罗又问：“那么文信侯吕不韦跟应侯范雎相比，谁的权力大些呢？谁更专权些呢？”

张唐说：“当然是文信侯的权力大。”

于是甘罗又说：“您应该还记得，那时候，我国要攻打赵国，白起却不肯去，结果他很快就被迫自杀了。如今文信侯亲自请您到燕国去当丞相，您却坚决不去，我不知道您将会死在什么地方啊！”

张唐一听，顿时吓得呆若木鸡，慌忙答应说愿意去燕国。

甘罗马上就去告诉吕不韦，说张唐已经答应了。但是为了打消张唐的疑惧心理，他准备到赵国去疏通一下。

聪明人多数是天生的，得益于遗传，而智者更多靠修炼。

不几天，甘罗就到了赵国，赵王亲自到城外迎接他。甘罗问：“燕太子丹到秦国做人质，大王知道吗？”

赵王说：“知道。”

甘罗又问：“张唐去燕国当丞相，大王知道吗？”

赵王说：“也听说了。”

甘罗于是接着说：“这说明燕国和秦国关系非常密切。这两国友好合作，就是为了夹击赵国，夺取贵国河间一带的土地。依我看，您不如把靠近河间的五座城割让给秦国。我回去求求秦王，让秦王不派张唐去燕国，并送还燕太子丹，断绝与燕国的友好关系，与赵国结成友好邻邦。然后秦赵联合攻打燕国，岂不是两国都能得到好处！”

赵王正害怕秦燕联合攻打赵国，便立即割让五座城给秦国，秦国果然断绝了同燕国的关系。接着，赵国攻打燕国，轻易地占领了燕国三十座城，又把其中的十一座让给了秦国。

秦王见甘罗出使成功，不费一兵一卒就得到了大片土地，非常高兴，不久就封甘罗为上卿。

就这样，甘罗成了当时著名的少年外交官。

《战国策·秦策》

本篇成语解释：

1.【闷闷不乐】闷闷：心情抑郁不畅。心事重重，烦闷不快的样子。

2.【言之有理】讲得合乎道理。

3.【呆若木鸡】呆得像木头鸡一样。形容因恐惧或惊讶而发愣的样子。

周纡辨死尸

周纡，东汉时官吏。他很会断案，声名远扬。

东汉时有个官吏叫周纡，他执法很严格，对犯罪分子毫不留情。他也不怕有权势的人，只要这些人敢胡作非为，他照样抓，照样严惩。不过，他也因此而得罪了不少人，一些人千方百计地想害他。

由于周纡执法严厉，把社会治安抓得很好，因此上司很欣赏他，后来让他到附近的一个县去做官，把那个县的治安也抓一抓。

周纡接到要他到邻县去的命令后，马上就打点行装，赶去上任。谁知，周纡刚到任上的第二天，就碰到一件让他十分头痛的事。

这天早上，周纡刚刚走进官府，就有人慌慌张张地向他报告说："大人，不好了，出……出……事了！"

周纡见来人上气不接下气，连话都说不清楚，就对他说："别急，别急，慢慢说，说清楚一些！"

那人喘了口气，说："在城隍庙前，有一具尸体，手脚都被砍去了！我一清早起来去卖菜，经过城隍庙，没想到遇到一具尸体，便赶紧来向

您报案。唉，真是倒霉透了！”

周纡马上前去察看，只见尸体旁边已经围满了人，人们都议论纷纷：“真是残忍啊！不知是谁干的，怎么这么狠毒呢？”

周纡大胆地走到尸体旁边。他仔细地查看了尸体，发现死尸的眼里和口中有稻草的碎屑。他什么也没说，只是命令手下先把尸体抬走埋掉。回到官府后，他秘密地派人问守城的士兵：“今天早上，你们看见谁用车装着稻草进出城门了吗？”

守门的士兵回答说：“我们看见廷掾老爷今天早上赶着辆车匆匆地往城里跑，车里满是稻草。”

周纡似乎明白了些什么，他又问身边的随从说：“在我查看尸体的时候，有没有人神色不太正常呢？”

随从说：“廷掾老爷当时盯着您看，神情是有点紧张。”

于是周纡立即派人把廷掾抓来，一见面就大声问他：“你干的好事，竟敢用死尸来刁难我！还不赶快交待清楚，让我减轻你的罪责。”

廷掾一下子吓呆了，觉得周纡真是神了，这么快就查明了真相，于是他立即跪地求饶，连声说：“我说，我说，请大人饶命！”

原来廷掾早就听说周纡铁面无私，办事严明；而他平时为非作歹惯了，怕以后栽在周纡手里，于是想来个下马威，让周纡失去威信，在当地待不下去。因此他从郊外找了具尸体，砍去手脚，捆在稻草中间，然后在清早运进城里，抛在城隍庙前。他以为神不知鬼不觉，谁也查不出来，谁知周纡不费吹灰之力便将他揪了出来。

廷掾怕周纡判他杀人罪，因此在交待清楚后接着为自己辩解，人不是他杀的。但周纡对他说："我知道不是你杀的，但你必须讲清楚尸体是从哪里弄来的。"

周纡为什么知道呢？因为他查看尸体时，发现现场并没有血迹，因此他知道尸体不是死在庙前，而是从别处移来的。

廷掾对周纡千恩万谢，因为周纡没有错判他杀人罪，而只是把他打了五十大板就放了。

从此以后，再也没有人敢想歪主意刁难周纡了，更没有人敢害周纡了。

《后汉书》

本篇成语解释：

1.【胡作非为】肆无忌惮地做坏事。
2.【铁面无私】形容公正严明，不怕权势，不讲情面。
3.【为非作歹】非、歹：坏事。做各种坏事。

作为一个领导者，建立威信固然重要，但黑白分明也不可缺少。智者往往能掌握好这两点之间的平衡。

笑退十万兵

孙坚，字文台，东汉末年吴郡富春（今浙江富阳）人。他是后来三国之一吴国国君孙权的父亲。有勇有谋，临危不乱。因官至破虏将军，又称“孙破虏”。

东汉末年，天下大乱。黄巾军发动起义以后，朝廷更是虚弱无力，各地的豪强地主也纷纷乘乱起兵，想夺取中央政权。当时有个将领叫董卓，189年他率兵攻进都城，废除了旧皇帝，重新立了一个皇帝，他自己则在幕后操纵，想专断朝政。

第二年，长沙太守孙坚与另一位名将袁术联合起来声讨董卓，要恢复以前皇帝的帝位。

俗话说：“兵马未动，粮草先行。”意思是说打仗的时候，军需物资的供应非常重要，往往要先准备好充足的军需物资，才谈得上对外作战，才有取胜的可靠保证。

孙坚筹划让长史（辅佐太守掌管一郡兵马的官员）公仇称先源源不断地运送军粮。

当时正是隆冬季节，天寒地冻，北风呼啸，大雪纷飞，在这种天气里押运粮草，十分辛苦。

为了犒劳公仇称，鼓舞士气，孙坚特意在鲁阳（今河南鲁山）城东门外拉起帐幕，摆下

丰盛的酒席，欢送公仇称。酒席的场面非常壮观，箫管齐奏。大家的兴致也很高，不停地斗酒划令。

谁知道董卓得到密报，听说孙坚联合袁术要声讨他，就想来个先下手为强。他派出步兵、骑兵，一共十万人，突然开到了鲁阳城前，把鲁阳城围了个水泄不通。他们还摆出一副马上就要攻城，并志在必得的模样。当时的情况对孙坚来说简直是十万火急。

看到突然到来的众多敌人，孙坚手下的官员们都吓坏了，一个个呆若木鸡，没有了主意，惶恐地看着孙坚。士兵们也显得有些惊慌失措，都迷茫地望着孙坚，不知道该怎么办。

孙坚心里十分清楚，如果自己不冷静，露出惊慌之色的话。将士们肯定会更惊慌，那么敌人一进攻，士气马上就会崩溃。因此他十分镇定地照常跟将领们对饮说笑，似乎什么事也没有发生。

孙坚还特意端着酒杯走到公仇称面前，微笑着祝贺并鼓舞他说：“长史，现在天气严寒，你这一去肯定非常辛苦，我现在敬你三杯，就算我敬的暖肚酒吧，祝你一路平安，顺利完成任务！”说完他便一饮而尽。

公仇称见孙坚如此镇定自若，非常佩服，也说：“将军您是神勇之人，我自然不想做胆小鬼，我豁出去了，一定完成任务！”说完也一饮而尽。

孙坚边作乐，边暗暗吩咐手下：“整好队伍，不要乱动！”

遇事沉着冷静才是智者该做的。

后来董卓的兵马越来越多，孙坚这才放下酒杯，然后缓缓地站直身子，挥手示意部队暂时先有序地从城东门外列队返回城内。

董卓的官兵看到这一情景，心里没底，都在想：大兵压城，孙坚还说说笑笑，队伍军心不乱，他们肯定是先作好了埋伏，否则怎么敢如此大胆？

于是，他们不敢攻打城池，都迅速沿原路退了回去。因为毕竟他们是远征作战，如果中了埋伏，伤亡肯定不会轻。

就这样，孙坚笑退十万兵，然后派公仇称押运粮草。也正因为这样，孙坚将士们的士气一下子高涨了许多，后来连连打败董卓的军队，立下了不少战功。

《三国志·吴书》

本篇成语解释：

1.【先下手为强】先动手取得有利地位。
2.【水泄不通】连水都流不出去。形容非常拥挤或包围得非常严密。
3.【一路平安】对出门人的祝福语。

火烧蜀连营

陆逊，本名陆议，字伯言，汉族，吴郡吴县（今江苏苏州）人。三国时期著名政治家、军事家，历任吴国大都督、上大将军、丞相。

关羽由于骄傲轻敌，失去荆州，败走麦城，被孙权活捉斩首。消息传到成都，刘备挂孝痛哭，而后自立为蜀汉皇帝。为报二弟关羽之仇，不顾丞相诸葛亮等人劝阻，传令尽起蜀国精兵七十五万，亲自东征孙权。

孙权得知刘备攻吴消息，曾数次派人向刘备求和，均遭拒绝。此时，东吴大将周瑜、鲁肃及吕蒙等，都已先后去世，孙权命镇西将军陆逊为大都督，统率朱然、徐盛、韩当、孙桓等五万人马去抵抗刘备。吴国文臣武将，对让年轻的陆逊当大都督颇多异议，有言其声望不高，有言其才能不够，难当统帅重任。孙权知陆逊为人忠厚，才能出众，力排众议，决意将统帅重任交与陆逊。为涨陆逊声望，孙权召集文武百官面谕陆逊："朝廷之事，由朕主持，打仗之事，由将军负责。"说完，将他佩带的宝剑交与陆逊，说道，"若有不服指挥者，将军可先斩后奏！"陆逊辞别孙权，率水陆两军奔赴前线。

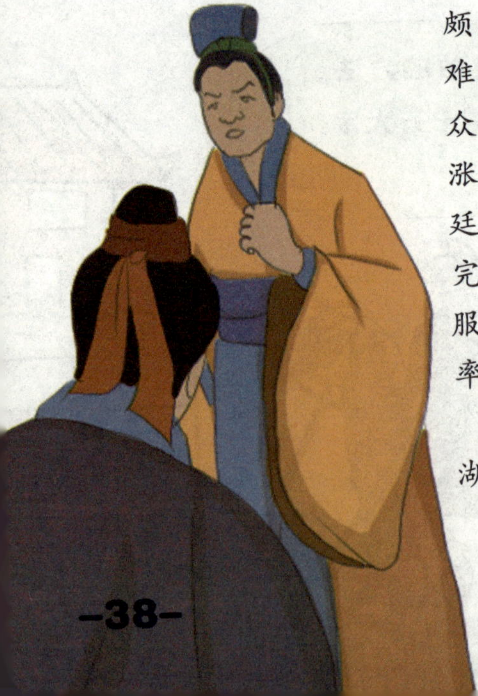

起初，蜀军南渡长江，围困了驻守夷道（今湖北枝城市西）的吴国先锋孙桓。孙桓是孙权

的侄儿，吴军将领要求陆逊派兵援救孙桓。陆逊详细了解前线情况后，胸有成竹地说道：“孙桓将军素为士兵爱戴，定能坚守城池，当下不必去救，等我打败蜀兵，自然解围。”将领又要求赶快出兵迎击刘备，陆逊道：“刘备带兵东下，连连获胜，气势正旺，且占据高处，我军难敌。若出师不利，便会挫伤士气。此事关乎全局，理当勉励将士，坚守防御，等待时机，后发制人。”将领听后，认为陆逊胆小，害怕刘备，面呈轻蔑之色，讥其懦弱。陆逊拔出孙权所赐宝剑，对众将领正色道：“我虽一介书生，可主上赋予如此重任，乃因我有可取之处，即能忍辱负重，将事情办妥。诸将士只许紧守关隘，不准出战。违令者，一律军法处置！”

蜀军多次挑战，陆逊总是置之不理。如此，从正月到六月，蜀、吴双方相持不下，成胶着态势。刘备见一时不能取胜，心生一计，令吴班率一万多老弱兵士，到吴军阵前平地立营，自己率精兵八千，伏于山谷。吴班带士兵挑战，耀武扬威，不断辱骂吴军；许多士兵还脱下衣服，赤身裸体坐立或躺卧，以诱吴军进攻。吴军将领异常气愤，难忍羞辱，要求与蜀军拼杀。陆逊道：“其中一定有诈，不能盲目进攻，以免中计。”他令吴军依旧坚守阵地，不理睬蜀军的挑战。过了数日，刘备知诱敌之计已为陆逊识破，只好引伏兵从山谷中撤出。陆逊对众将领说：“我不让攻打吴班，即预料刘备设有埋伏，果不出所料。”

此时，刘备求战不能，退兵又不甘心，时当盛夏，天气异常炎热，蜀军士兵暑热难耐，叫苦不迭。刘备于是让水军离船上岸，与陆军一道，沿溪沟山涧、树林茂密之处，扎起相互连接的四十多座军营，以避暑热。待秋后向吴军大举进攻。

陆逊见破蜀战机已到，下令向蜀军进攻。众将领诧异道：“进攻刘备，应在他刚入吴境立足未稳之时。当下，蜀军已深

聪明能获得更多的知识，而智慧让人更有文化。反过来，一个人知识越多越聪明，而文化越多越智慧。

入吴境五六百里，双方相持数月，许多要点都为蜀军占领固守，此时进攻蜀军，怎能得到益处？”陆逊对诸将说道：“刘备乃狡诈之敌，诡计多端，刚入吴境，水陆两军并进，军纪严明，士气旺盛。不与其交战，是为避其锋芒。如今蜀军水师离舟上岸，连营结寨，不仅兵力分散，且军心懈怠，士气消沉，这是反攻取胜的良机。”众将听罢，非常佩服陆逊的远见卓识。于是，陆逊先派小股兵力进攻蜀军一营寨，进攻失利，可陆逊却如获真经般说道：“我已知破蜀军之策。”

陆逊令每一士兵各持一束茅草，接近蜀营时，便用茅草顺风点火。一时间，风助火势，蜀军四十多座营寨，顿时变成一片火海。诸路吴军乘着大火，同时发起反攻。蜀军被大火包围，又受地形限制，兵力施展不开，纷纷逃窜，全线崩溃。混战中，蜀将张南、冯习等被杀，杜路、刘宁降吴。慌乱中，刘备拨马向彝陵马鞍山逃走。）幸亏驿站上人将蜀军军械物资堆于要道，点火烧燃，堵塞山道，阻挡追兵，刘备才得以逃到白帝城（今四川奉节）。

陆逊率兵追赶刘备及残兵，连破蜀军四十多营，直攻至巫县，将刘备收复的土地重新夺去。陆逊安排将士驻守，便下令班师。孙权早收到吴军大胜的消息，陆逊凯旋之日，亲自把酒，为他接风洗尘。自此，陆逊威名远扬，魏、蜀两国对东吴不敢等闲视之。

《三国志·吴书·陆逊传》

本篇成语解释：

1.【胸有成竹】原指画竹子要在心里有竹子的形象。后比喻在做事之前已经拿定主意。

2.【忍辱负重】为了完成艰巨的任务,忍受暂时的屈辱。

3.【耀武扬威】耀:显扬。炫耀武力,显示威风。

4.【诡计多端】诡计:狡诈的计谋;端:项目,点。形容坏主意很多。

5.【远见卓识】有远大的眼光和高明的见解。

聪明人总把自己闪光的一面表现出来,也就是脱颖而出:而智者是能让别人把闪光的一面表现出来。例如某个聚会,聪明人嘴忙,侃侃而谈,有如茶壶,而智者耳忙,善于静听,有如茶杯。茶壶里的水最终是要倒进茶杯里的。

汉水淹七军

关羽，字云长，河东解县（今山西运城）人。身材魁梧，武艺高超，忠心耿耿，作战骁勇。是东汉末年刘备的部将，与刘备、张飞两人“桃园三结义”。当时的人称他为“熊虎之将”、“万人之敌”，后被人们当做“关帝”供奉。

三国时期，有一次关羽带兵攻打魏国的樊城(今湖北襄樊)。为了确保万无一失，曹操除了派重兵把守这座城以外，还在城外派了七支军队驻扎，以便里应外合。等到关羽率兵到达距樊城不远的地方时，突然有先锋部队来报告说：“关将军，不能再行军了，敌人已经作好了准备，不但城里有重兵把守，连城外也有七支军队驻扎在那里！”

关羽一听，大吃一惊，心想：看来将有一场恶战了，曹军似乎要拼死一战。关羽提醒自己，千万不能麻痹大意，也不能轻敌，要用巧妙的方法攻城，而不能硬拼。因为关羽还得知，驻守在城外的曹将有

一个是庞德。这个庞德打仗非常厉害，曾经用箭射伤过关羽。

当时正是秋季，樊城地区接连不断地下了十多天的雨，汉水迅猛上涨。

一天，关羽皱着眉毛，在营帐里踱来踱去，自言自语地说：“这鬼天气，雨怎么总是下个不停？再这么下去，这城怎么攻啊？士兵们现在心情糟透了，士气眼看着一天天低落。唉，得想个办法呀！”

突然，他一拍脑袋，自言自语地说：“现在到处都涨水，对敌对我都不利，我为什么不用水来攻呢？我可以用水来淹死他们嘛！”他当即决定利用汉水上涨的机会，先消灭敌人城外的七支军队，然后再进攻樊城。

关羽马上命令部下准备大小船只和木筏，还让人偷偷地挖一条水渠，好把水引到樊城来。

有些将领不明白关羽的意思，问道：“我们在陆地作战，要船只和木筏有什么用？”

关羽故意先不作声，然后神秘地一笑，说：“到时候你们就会知道，现在你们尽管按我说的去做就可以了！”

雨越下越大，汉水猛涨。有一天，大雨更是像天漏了似的直倒下来，河水一下子又涨了一米多。关羽觉得时机到了，于是下令挖通连接汉水的渠道，刹时间，洪水奔腾汹涌，直冲向樊城。由于樊城城外的地势很低，水流到那里就不走了，很快就积满了水。城外的曹军还不明白是怎么回事，水就漫到了胸部。这七军的士兵仓皇逃命，但没跑多远，水就已经漫过了头顶，很多人被淹死了，活着的人也都垂死地挣扎着，动作快一点的，侥幸跑到了高处去避水。

聪明靠耳朵、靠眼睛，所谓耳聪目明；而智慧靠心灵，所谓慧由心生。

这时，关羽率兵乘着船只木筏，乘机发动猛攻。曹军逃命还来不及，哪有士气作战，于是纷纷投降。他们的将领庞德和于禁也被活捉。

就这样，关羽机智地利用水淹，不费吹灰之力就打败了城外的七军。接着，他借着胜利的气势，又攻下了樊城。曹操手足无措，据说还准备迁都，以躲避关羽的锋芒。关羽也因为这一仗而声名大振。

《三国志·蜀书》

本篇成语解释：

1.【里应外合】应：接应；合：配合。外边进攻,里边配合；里边起事,外边接应。

2.【手足无措】措：安放。手脚都不知道该放在哪儿好了。形容慌张得不知如何是好。

将不利条件巧妙运用，将其转化为取胜的利器，这就是智者经常使用的“手段”。很多时候，不要因为自己看似不利的形势而乱了阵脚，只要脑子够灵活，因势利导，也能扭转乾坤。

曹冲救库吏

曹冲，字仓舒，东汉末年沛国谯（今安徽亳州）人。曹操的儿子。

我国历史上有不少聪明非凡的少年，曹操的儿子曹冲就是其中一个。他从小就聪明过人，五六岁时便有成年人一样的智力，算得上是个神童。

大家非常熟悉的是曹冲称象的故事，这里我们就讲一个他运用自己的聪明才智，救一个负责看管仓库的小官的故事吧。

曹冲的父亲曹操是当时的丞相，为了稳定社会秩序，他制订了许多严厉的法律，手下的人稍有过失，就会受到重罚。而曹冲天生富有同情心，每次见父亲要处罚罪犯时，他都要询问他们的犯罪情况。不少被冤枉受罚的人，常因他辨明、弄清真相而得到宽恕。这样的例子，据说前后有几十个。

有一次，曹操储藏在仓库中的一具马鞍被老鼠咬坏了，管理仓库的官吏心想，这下可完了，我肯定难逃罪责。他很害怕，于是把自己绑缚起来，主动去向曹操自首，以减轻一些惩罚。

他在去见曹操的路上，恰巧被曹冲看见了。

曹冲觉得很奇怪，怎么会有人把自己捆起来呢？肯定有问题。于是他好奇地问："您这是去干啥呀？"

聪明人渴望改变别人，让别人顺从自己的意志，而智者多能顺其自然。因此，聪明人的人际关系容易紧张，而智者的人际关系多和谐。

库吏忧愁地说：“我工作失职，曹丞相的马鞍被老鼠咬坏了。我正要去向曹丞相自首，以求减轻一些罪责。”

曹冲想了一想，连忙帮他解开绳索，并安慰他说：“您先别着急，我自有办法救您！”于是，曹冲偷偷地用小刀把自己的衣服戳破，看上去就好像被老鼠咬过似的。然后，他装出一副忧心忡忡的样子去见曹操。

曹操见儿子满脸愁容，就问他：“孩子，有什么不愉快的事吗？为什么拉长了脸，做出这副样子？”

曹冲说：“父亲，您看啊，我的衣服不小心被老鼠咬破了。我听别人说，老鼠咬破了衣服，衣服的主人就得倒霉，凶多吉少。所以，我真有点担心呢！”

曹操一听，哈哈大笑，摸了摸儿子的头，安慰他说：“你别听别人胡说八道，哪有那回事，用不着担心的。来，高兴点，笑给我看看！”

曹冲见曹操这么说，心想库吏肯定有救了，便露出了甜甜的笑容。然后他马上拜别父亲，找到那个库吏，充满信心地说：“现在您去自首吧，我保证没问题，不会受罚的！”

库吏半信半疑地又将自己捆住，前去见曹操。

曹操见状，诧异地问道：“你这是干啥呀？”

库吏怯怯地说：“我工作失职，您放在仓库里的马鞍被老鼠咬坏了，我特意来向您请罪。”

曹操笑着说：“我儿子的衣服放在身旁，还给老鼠咬坏了，更何况悬挂在仓库柱子上的马鞍呢！”说完，曹操让身边的人替库吏解开了绳索。

就这样，因为曹冲的智慧，那个库吏没有受到责罚。

可惜的是，这样一个聪明多智、心地善良的好孩子，只活到十三岁就得病死了。

《三国志·曹冲传》

本篇成语解释：

1.【忧心忡忡】忡忡：忧虑不安的样子。心事重重，忧虑不安。

2.【胡说八道】说话不符合事实，或没有道理，瞎说一阵。

3.【凶多吉少】凶：不吉利的，不幸的；吉：吉利、吉祥。凶害多、吉利少。

智慧要看用于什么方面。有的人把智慧使在损人利己或者损人不利己的事情上，那就是耍小聪明而已，不叫智慧，那叫愚昧；而有的人把智楚用于帮助别人上，那就是真正的智者。曹冲用智慧为下人解围。所以他是一个富于同情心的智者。

孙亮辨鼠屎

孙亮，字子明，三国时吴郡富春（今浙江富阳）人。三国之一吴国建立者孙权的儿子。后来做了吴国的国君。

孙亮是三国时吴国国君孙权的小儿子。他十岁那年，父亲孙权就死了，于是他继位做了皇帝。虽然他年纪小，但为人聪明，善于判断问题，很有主见。

有一年初夏，孙亮带领一批官员，来到了后宫花园。当时梅子已熟，但是还没熟透，略带酸味。园丁见国君来了，赶忙献上一筐青梅，但他怕国君吃了以后不高兴，就如实地告诉孙亮说："这梅子有点酸味。"

孙亮刚想吃，突然想到宫中的仓库里有蜂蜜，正好可以把梅子放在蜂蜜里浸泡一下再吃，于是便叫太监去取。那个太监知道宫廷里收藏的蜂蜜味道特别好，非常想吃，他曾经向掌管内库的官吏讨过，但都被拒绝了。他对这件事一直耿耿于怀，便想借这个机会报复一下掌管内库的官吏。

太监匆匆忙忙地把蜂蜜领出来之后，转念一想：如果我往蜂蜜里放几颗老鼠屎，等会儿国君看到了肯定会责怪库吏工作失职，那么就会重重地处罚库吏了。想到这里，那个太监非常得意，似乎看到库吏正在受处罚。他偷偷地往蜂蜜里放了十几颗老鼠屎，然后若无其事地献给孙亮。

孙亮揭开坛子，把青梅在蜜中浸了一下，刚要吃，却猛然发现蜜中有老鼠屎。他非常生气，马上下令把管理仓库的官吏押来，责问道："你专职管理仓库，却让好好的蜂蜜被老鼠屎给弄坏了，你知道这是什么罪吗？"

刚开始，那个小官吏根本不知道是怎么回事，正纳闷儿国君为什么下令把他押来，现在听说蜜里有老鼠屎，吓得半死，于是他发着抖说："国君，我做事一向都是小心翼翼的。存放蜂蜜时，我检查了，确定没有杂质以后，才装进干净的坛子密封起来的，绝对不可能有老鼠屎，除非是有人故意放的。我恳求国君，调查清楚以后再惩罚我，否则的话，真是冤枉好人啊！"

孙亮沉思了一会儿，觉得这里面可能有问题，于是又问管仓库的人说："太监向你讨过蜜没？"

管仓库的人说："他以前私自向我讨过多次，但我没有给他。"

太监大声嚷道："胡说！我从来没有私自向你要过。"

这时，站在孙亮身边的几个大臣上前说："他们两个说的供词不一样，不过，肯定有一个说了假话，干脆把他们俩交给司法部门去审个清楚吧！"

"不，不用！"孙亮摆了摆手，说，"这件事很容易查明的，用不着到司法部门去审。"

说完，他命令手下的人把老鼠屎捞出来，当场用刀切开，

明辨是非不是只看表象。

然后逐个地检查。他发现老鼠屎里面都是干燥的，心里一下子就全都明白了。

他笑着对两旁的大臣们说：“你们看，如果老鼠屎早就放在蜜里，那么里里外外肯定都是潮湿的，但是这些老鼠屎都只是湿了外面一层，很明显它们是刚被人放进去的。而蜂蜜从仓库拿到这里来，只经过了太监的手，那么老鼠屎肯定是太监领出蜂蜜以后，偷偷地放进去的。大胆奴才，还不快快从实招来！”

太监无法抵赖，慌忙认罪，一五一十地交待了全部经过。对于这个小小年纪的国君竟有这样敏锐的判别是非的能力，人们都感到震惊不已。

《三国志·孙亮传》

本篇成语解释：

1.【耿耿于怀】耿耿：有心事的样子。心里老是装着事，不能丢开。

2.【若无其事】像没有那回事儿一样。形容态度镇静，或不把事情放在心上。

3.【小心翼翼】翼翼：恭敬的样子。原来形容恭敬严肃的样子。后来形容举动十分谨慎，一点不敢疏忽。

判别是非时当有实质证据，切忌宁枉勿纵。要懂得透过现象看本质。

大火烧赤壁

周瑜，字公瑾，又被称为“周郎”。庐江舒县（今安徽庐江西南）人。东汉末年吴国国君孙权的部将。年轻有为，雄姿英发，精通音乐。

东汉末年的一天，长江北岸附近的水面上大火熊熊，浓烟滚滚，救命声、拼杀声响彻两岸。这是怎么回事？原来是周瑜在用大火烧曹操水军的船只。

曹操统一北方以后，又率领大军南下，进攻刘备和孙权，企图统一南方。孙权看到形势危急，自己的力量又不足以抵挡大敌，于是就派大将周瑜联合刘备，在赤壁（今湖北赤壁市赤矶山）一带同曹军决战。

曹操来势汹汹，他只有二十万军队，却号称有八十万，想要在气势上压垮刘备和孙权。但不足的是，他的士兵多数是北方人，不习惯在水上作战，尤其是不习惯乘船作战，所以双方第一次交锋，曹军就吃了一个败仗。曹操看到了自己的不足，知道不能硬拼，于是退到了长江以北，与驻扎在长江以南

的孙权、刘备联军隔江对峙。曹操一方面下令加紧操练水军，另一方面为了使士兵克服不习惯水战的问题，下令将战船用铁链和铁钉互相连接在一起。这样的话，战船就没有单独浮在水面上那么颠簸，士兵们也不会晕船了。

这个消息很快便被周瑜的部将黄盖知道了，于是他便向周瑜献计说："如今敌军众多，我军兵少，拖得越久对我们越不利。但我听说曹军现在把战船都首尾相连，我认为如果用火攻的办法来烧他们的船只，则一只船也跑不掉，他们肯定会损失惨重。请将军考虑我的建议。"

周瑜认为这个建议不错，决定按计行事，于是对黄盖说："这个计策不错，但是最好先派人去假装投降，让曹操毫无戒备，这样的话，我们就能更好地用火烧他们的船，而且保证能烧他个一干二净！只是不知黄将军敢不敢去诈降？"

黄盖一向勇敢无畏，怎么会怕呢？他马上写了一封投降信，派人送到曹营。曹操左看右看，又仔细盘问送信的人，没有发现什么问题，便信以为真。

到了约定的那一天，黄盖按照周瑜的布置，准备了十艘大战舰，舰上装满了浇了油脂的干柴草，还在上面盖上了帆布。

当时长江上正好东南风很急，黄盖率领士兵开船后，船像箭一样，迅速向曹营驶去。等船到了江中，黄盖便命令士兵们故意高声喊叫："投降来了！我们投降来了！"

曹操的将士们听到喊声，以为黄盖真的来投降，于是都站到江边观看，丝毫没作打仗的准备。

巧者劳而智者忧，无能者无所求。——庄子

黄盖率领的船只离曹军水寨越来越近了，这时黄盖下令各艘大战舰一齐点火，然后他们登上带来的小船，向南逃去。

那些着火的船一下子都变成了火船，瞬间就到了曹军水寨。曹军的船只由于连在一起，无法解开，士兵们只得眼睁睁看着船只被烧。由于风大，火越烧越猛，很快就把曹军的船只烧得精光。大火还乘风势一直烧到岸上，连岸上的曹军营寨，也都是浓烟滚滚，火焰冲天。只见曹军乱作一团，哭爹声、喊娘声响成一片，他们四处逃命，烧死、溺死的人不计其数。

这时，长江南岸的孙权、刘备联军及时赶到，一阵猛烈的冲杀，又打死了不少曹军。曹操只得仓皇逃命。这一仗，曹军损失了三分之二的兵力。

周瑜利用敌人的弱点，成功地以火攻的方法击败了曹操，使“火烧赤壁”成为战争史上著名的以少胜多的战役。

《三国志·周瑜传》

本篇成语解释：

1.【一干二净】形容一点儿也不剩。

2.【不计其数】计：计算。无法计算数目，形容很多。

经过一两千年的历史演变，赤壁之战仍然如昨天刚刚发生的一样，栩栩如生地展现在人们眼前。环境因，素利用得好是赤壁之战的关键所在。由此看来，打仗不能只靠人数和蛮力，更多的需要智慧来运筹帷幄。

木牛流马计

诸葛亮，字孔明，又被称为“卧龙”。三国时蜀国的政治家、军事家，琅琊阳都（今山东沂南）人。善计谋，通晓兵法。以“三顾茅庐”、“隆中对”等故事闻名于世。官至丞相。

看了这个题目以后，你们可能会不停地搔后脑勺，疑问丛生：“这牛怎么是木头的呢？马应该是跑的啊，怎么又说流马呢？”

别急，这“木牛”、“流马”其实是诸葛亮造的一种运输工具，“木牛流马计”是怎么一回事呢？看完故事就知道了。

三国时蜀国的丞相诸葛亮在四川屡次起兵讨伐中原。由于路途遥远，而且道路又不好走，所以军队运输粮草很困难，管理后勤的官员总是向诸葛亮反映说：“要想保证粮草的充足供应，必须再加派些士兵。”

诸葛亮心里也清楚，运输粮草确实是比较困难。所谓“蜀道难，难于上青天”，说的就是四川地区的道路很不好走，比登天还难。何况是运着东西走呢？于是他安慰管理后勤的官员说：“你们有困难，我知道，是难为你们了。但是我们的兵力本来就不够，如果再抽调人去运送粮草，这个仗就没法打了呀！让我们一起想想办法吧！比如说，让牛马再多载一些，或者速度加快些，争取多跑几趟，是不是？”

把这些官员打发走以后，诸葛亮的心还是放不下来。他知道，士兵和牛马都已经很疲劳了，上面那些办法即使能用，也只能用一两次，否则最终都会累垮的，到那时，问题就更严重了。“必须另想办法。”他对自己说。

诸葛亮左思右想，在房子里踱来踱去，不断地捋着胡须，突然他想出了一个主意：“牛、马以及士兵都会被累垮，那么为什么不造一种不知道疲劳的运输工具呢？如果这些工具还能不吃不喝，岂不是还可以节约军粮？”

诸葛亮欣喜万分，马上动手绘制图纸。图纸绘好后，他便命令部下按照图纸夜以继日地制造出了一千辆车子，还起了个名字叫作“木牛流马”（“木牛”相当于现在的人力独轮车；“流马”相当于现在的人力四轮车）。

如果你聪明的话，你会了解自己的无知；如果你不认识这一点，就是愚昧。——卢梭

“木牛流马”投入使用后，运粮的效率果然提高了很多，完全保证了军队粮草的供应，既减少了运粮的士兵人数，又节约了大量的粮食。

不久，魏国的将领司马懿得到报告说：“蜀兵用‘木牛流马’运粮草，不仅人不费力，而且那牛马还不用吃草。”司马懿听后大为吃惊，立刻命令两个部将带了五百名士兵，埋伏在蜀兵运粮队的必经之路，夺下了数匹“木牛流马”。

司马懿觉得“木牛流马”真是神奇，便命令巧匠一百多人，把“木牛流马”拆开，然后依照它的尺寸，进行仿造，不到半个月，就造出了两千余匹，也用来运粮草。

蜀兵回去报告诸葛亮说“木牛流马”被抢去了几匹，而且已被魏军仿制了两千匹用于运粮。诸葛亮马上心生一计，决定将计就计，他对身边的人说：“我只费了几匹‘木牛流马’，以后却可以得到魏军的许多粮草！你们只需按我的办法去做。”接着他便对部下耳语了几句。

第二天，蜀将王平带领一千士兵，埋伏在魏兵运粮的必经之路。等魏兵经过时，他们一阵冲杀，把魏兵都赶跑了。但是他们并不立刻去赶“木牛流马”，而是将“木牛流马”口内的舌头都扭转了一下，便迅速离开了。不久后，魏兵搬了很多援军赶来，却发现“木牛流马”仍在原地一动没动。他们十分高兴，便想往前继续赶路，结果却赶不动“木牛流马”。为什么呢？因为“木牛流马”口内的舌头被扭转以后，就再也跑不动了。而魏兵不知道这个机关，不管他们怎么

敲、怎么推、怎么拉，都没有用。魏兵急得要死。

这时诸葛亮派了更多的士兵突袭他们，魏兵本来就疑神疑鬼（因为好好的“木牛流马”突然都不动了），哪里抵挡得住！只得扔掉“木牛流马”，各自逃命去了。

就这样，蜀军夺来了魏军的大批粮草。

聪明的诸葛亮运用自己的智谋，不但解决了紧急的运粮问题，而且还利用“木牛流马”巧妙地夺取了敌人的大批粮食，难怪人们把他当作“神明”来看待。

《三国志·诸葛亮传》

本篇成语解释：

1.【夜以继日】日夜不停。也说日以继夜。

2.【将计就计】将：随、顺。指利用对方的计策反过来再向对方使计策，使其上当。

依样画葫芦导致的结果就是知其然不知其所以然，从而被他人利用。所以，做任何事都需要用脑子去思考个所以然，否则，即使葫芦画出来了，不知道其来由，还是不起作用。

唱筹量沙计

檀道济，南北朝时期宋国大将。

带兵打仗，有时候光靠勇猛无畏、不怕死是不够的，还得要动脑筋，想计谋。比如南朝宋国的大将檀道济就用“唱筹量沙”之计巧妙地摆脱了敌人的追击。

有一年，宋文帝派大将檀道济进攻北魏。当时北魏的力量很强，明显比宋国实力雄厚。如果换了是别的大将，肯定会推辞不去，但檀道济为了国家的利益，早已把生死置之度外，他心里想的只是如何击败敌人。

檀道济很会带兵打仗，而且很有计谋，常常能以少胜多，以弱胜强。也正因为如此，宋文帝才让他接受这个重要的任务。

最初的二十多天里，他和魏军打了三十多仗，屡战屡胜，简直是神了。

魏军见打不过，就打起了歪主意。他们想把宋军的粮食都烧光，让宋军无法继续作战。

一天夜里，大风吹得呼呼叫，把其他的声音都掩盖了，更别提部队行动的响声了。魏军利用这样的机会，偷偷摸摸地袭击了宋军的粮仓，一把火把宋军的粮食烧了一大半。这么一来，宋军的粮食供应就很困难了。檀

道济没有办法，考虑来考虑去，决定先撤兵，等以后再作打算。

这时，宋军中有人投降了北魏，把宋军缺粮的情况告诉了魏军将领。魏军非常高兴，连忙出动大兵，想乘胜追击、消灭宋军。

宋军的将领们都很担心，因为粮草不够，后面又有追兵，所以士气十分低落。檀道济更是着急，他知道，再这么下去，肯定会被魏军消灭掉。他决定用计迷惑敌人，让敌人以为宋军并不是由于缺粮而撤退，以稳住军心，最终摆脱追兵。

当天夜里，他就下令不再撤退，而是在原地扎营，然后命令士兵运来大量沙子。

士兵们都很纳闷，议论纷纷，说："现在我们最需要的是粮食，而不是沙子！谁都知道，沙子是不能吃的。为什么将军不让我们想办法去找粮食，却让我们运什么沙子呢？真是搞不懂！"

檀道济向士兵解释说："敌人正是知道我们粮食不够，才这么放肆地追击我们呀！我是想用沙子灌满米袋，再把一些米洒在上面，好让敌人相信我们并不缺粮，继而不敢再追我们。这样的话，我们才能真正摆脱敌人的追击啊！"

士兵们一听，顿时恍然大悟，都说檀将军计策高明，然后便干劲儿十足地去运沙了。

他们一边用斗量着沙子，装进米袋，一边用筹码计数，还故意高喊着数字"一斗、二斗、三斗……"就这样，士兵

们整整忙了一个晚上，把所有的空袋子都装满了，然后又把剩下的没有吃的一些米洒在了米袋上。

天亮时，魏军远远地看到宋军中尽是装得满满的米袋，有的米袋上还露出了白花花的大米，他们感到十分惊讶。而且头一天晚上，他们还隐隐约约地听见宋军唱筹计数的声音，似乎是在分粮食。于是魏军以为有援军给宋军送来了充足的粮食，因此不敢轻举妄动，只好待在原地不动。

又过了几天，魏军见宋军丝毫没有要撤退的意思，更确信宋军得到了援助，而且他们又怕檀将军玩花样，因此就都撤走了。宋军这才安全地返回。

檀道济唱筹量沙，通过迷惑敌人而安全获救这件事很快便传了开来，他的威名震动了北魏。

《南史·檀道济传》

本篇成语解释：

1.【恍然大悟】恍然：猛然清醒的样子；悟：心里明白。一下子明白、觉悟了。

2.【轻举妄动】轻：轻率；妄：胡乱。不经慎重考虑，就轻率地采取行动。

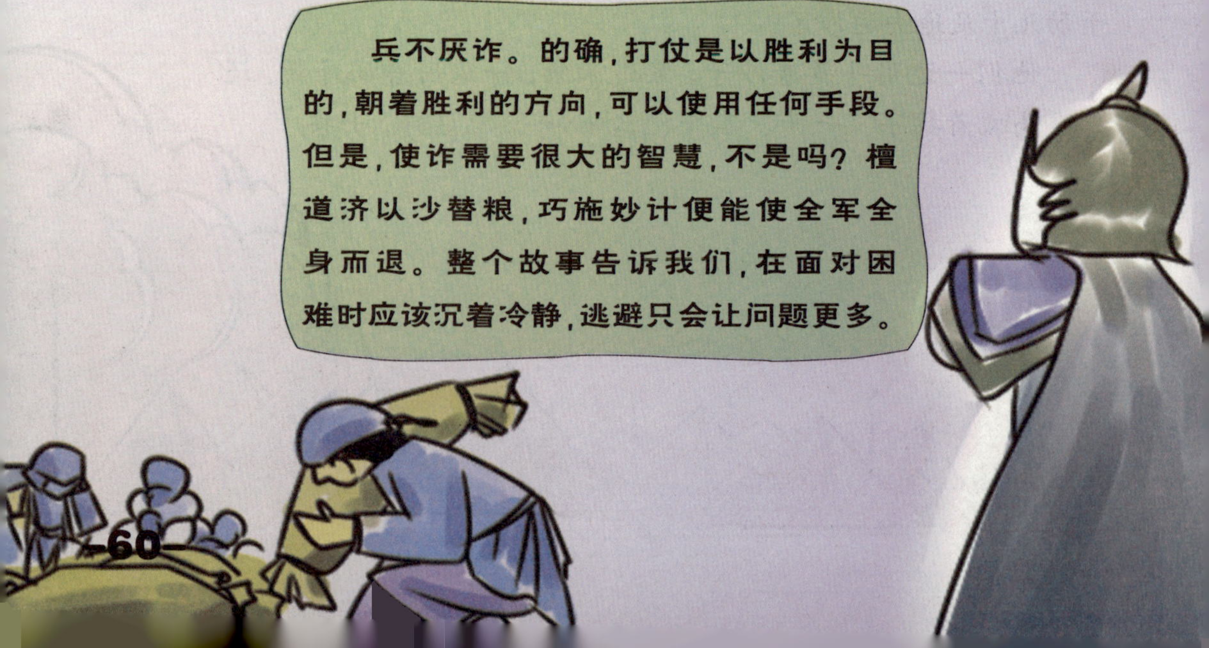

王允之装醉

王允之，字深猷，东晋官员。

一天晚上，有两个将军模样的人提着大刀蹑手蹑脚地朝一张床走去，想杀死床上那个睡着的人。

床上睡着的人是谁呢？

他是东晋时期的一个小孩，当时只有八岁，名叫王允之。这两个想杀死他的人中有一个竟是他的亲伯父王敦。

你可能会觉得奇怪："怎么会有伯杀杀侄儿这种事呢？况且还是个年纪不到十岁的小孩子？"

"两个大人对付一个小孩也用不着偷偷摸摸的呀！"

原来事情是这样的：王敦是东晋时很著名的大将军，掌握着朝廷的大权，但他为人残暴凶狠，被人称为杀人不眨眼的魔王。据说有一次，他为了强迫客人喝酒，竟接连杀死了几个陪酒的美女，把客人吓得半死，哪里还敢不喝？客人只得不停地喝酒，差点儿醉死了。

不过王敦对王允之却很好。王允之为人机灵，很会看大人的眼色行事，十分讨大人喜欢，因此王敦常常让王允之待在他身边，还让王允之跟他睡在一起。

有一次，王敦又要王允之陪他

吃饭喝酒，不一会儿，王允之的脸就涨得通红。于是他对王敦说："伯父，我喝多了点，就要醉倒了，我想去床上躺一躺，好吗？"

王敦看他确实是面红耳赤，就说："好吧，反正没事了，你就先睡吧！"

没过多久，从门缝里悄悄地溜进一个人，是王敦的亲信。那人一坐下，就压低声音说："将军大人，已经万事俱备，只等您下命令了。"

王敦仍不太放心，问道："兵马和武器都准备够了吗？"

来人说："够了，够了。我联系好了五千人马，准备了十万支箭，一万张弓，还有几万把大刀、长矛，您尽管放心好了！"

王敦十分高兴，说："好，好极了。那我们就后天凌晨动手吧！"

来人说："好，我这就去通知各路人马，作好一切准备。"

王敦最后对那人说："一定要注意保密。如果让外人知道了，一律格杀勿论！"

这两个人当时谈得很兴奋，竟然忘了房子里还有个小孩在睡觉。就在来人要离开时，王敦突然想起了他的侄儿王允之。

他们非常惊慌，害怕王允之听到他们谈话的内容，泄露他们的机密，于是便想杀人灭口。两个人提着刀朝床边走去。来人说："我们让他死个明白吧！"于是他推了推王允之，见王允之一动不动，那人又掀开被子一看，只见床上满是呕吐物，腥臭难闻。他对王敦说："你看，他醉得都吐了，睡得简直像头小死猪，难闻死了，难闻死了！"

智者是为获得最大成就的人保留的称号。——塞涅卡他们两个以为王允之真的醉了，没有听到他们的谈话，同时觉得杀死一个小孩太残忍了点，就说："算了，饶了他吧！"

其实，王允之早就醒了，他听到了他们两个人关于秘密谋反的全部内容。他早就想到这两个大人不会放过他，于是便暗暗地用手指在喉咙里猛抠，使得不久前吃的饭菜全都呕吐了出来，然后他又假装睡得死死的。果然，王敦他们以为他醉了，就没有杀他。王允之也因此保住了一条命n

第二天，他偷偷地把消息告诉了国君。结果，王敦和那些准备发动叛乱的人都被逮捕了。王允之不但没死，反而立了大功！

《晋书·王允之传》

本篇成语解释：

1.【蹑手蹑脚】放轻脚步走路的样子。

2.【杀人灭口】将人杀死以灭其口供。今多指为隐瞒事实真相而杀害知情者。

很多的动物会伪装，如变色龙、壁虎断尾等等，他们的伪装在关键时刻能救自已一命。文中的王允之假醉保命。并保住了国家，真是智勇可嘉。

循环浴马计

郭敬，后赵时著名将领。作战勇敢，颇有谋略。官至荆州刺史。

小朋友们，你们相不相信，有一位将军，他不用一兵一卒，只是不停地给战马洗澡，结果夺下了一座城？这个将军就是后赵的郭敬。他除了作战勇敢以外，还很有头脑，常常用计谋取胜。

当时，后赵的国君派他进攻东晋的一座城，而驻守那座城的东晋军队都是精兵强将，粮草也很充足。敦敬带的兵由于长期作战，都非常疲劳，而且兵力也不足，只有东晋军队的五分之三。

在这种情况下，要攻下城肯定有困难，因此郭敬非常着急。他既怕完不成任务，国君会怪罪，又怕一味地强攻会带来更大的损失。因此他在营帐里走来走去，急得像热锅上的蚂蚁。突然，有个声音从帐外传来。

“报！”

敦敬立刻接见了那人。来人气喘吁吁地说：“国君已经打了胜仗，他说七八天以后就可以赶到这里支援我们。国君还说只要我们再拖住敌人七八天，而且尽可能地让敌人知道我们的大队骑兵就要来支援了。到时候大部队一到，我们就可以攻下这座城了。”

接到情报后，郭敬十分高兴，因为马上会有救兵支援了。他也知道，国君之所以说“尽可能地让敌人知道我们的大队骑兵就要到了”这句话，意思是想迷惑敌人，并在气势上压倒敌人。

但是他想：我们的战马这么少，怎么可能让敌人觉得我们来了大量骑兵呢？他头脑里不断地重复着这些字眼：“大队骑兵，战马；大队骑兵，战马……”

“对，有了！”郭敬突然拍了下桌子，想出了一个妙计，他自言自语地说，“我们马少，为什么不来他个循环浴马呢？”

原来在离城不远处有一条河，郭敬想故意在这条河里洗战马，轮流地、不停地给有限的战马洗澡，好让敌人以为他们已获得了援军，战马越来越多。

于是第二天，郭敬就命令士兵们牵着战马到河边去给它们洗澡。士兵们都很不理解，议论说：“郭将军不去请救兵，却让我们给战马洗澡，真是可笑！平时都说他很有智谋，哼！也不过是徒有虚名！”

一个将领偶然间听到了士兵们的议论，就去报告郭敬。郭敬笑了笑，说：“让他们说吧。你现在去命令他们把马牵到马厩里去，过一会儿再牵出来洗，反正不要停，河里要一直有马。白天洗了，晚上照样洗，知道吗？你还要告诉士兵们，谁要是违抗命令，一律重重地惩罚！”

于是，这几天里，不管是白天黑夜，河里总是有战马在汲

智者宁可防病于未然，不可治病于已发；宁可勉力克服痛苦，免得为了痛苦而寻求慰籍。——托马斯·摩尔

水、洗澡。

东晋军队派出的哨兵发现了这个军情，急忙报告守城的将军：“将军，后赵的士兵们正在河边给战马洗澡。他们的马数也数不清，一直洗了几天，现在还在洗。”

那个将军心里非常不安：“莫非是后赵的援军到了？”他十分惊慌，马上就连夜率兵逃跑了。

结果，郭敬没费一兵一卒，就夺下了一座城。后赵的国君为了奖励他，便提拔他为荆州刺史。

《北史》

本篇成语解释：

1.【气喘吁吁】呼吸急促的样子。
2.【自言自语】自己跟自己说话。

智慧之人有一个共同点。就是处乱不惊，从容应对。唯有如此，才能客观冷静地处理好眼前的事情，才能打胜仗。

买马为找马

罗际，东晋时吴县县令。善于断案，很有计谋。

在官府的侧墙前，密密麻麻地挤满了议论纷纷的人群。

原来他们在读一份告示，一份由当地知县亲自写的、刚贴出不久的告示。

告示上写着："本知县奉朝廷的命令，愿意出一千两白银，买一匹个子高大，肩脊很宽，四蹄雪白，身上的毛红得像炭火一样的大马，如果大约是四岁大的就更好了。希望养了这样的马的人，赶快把马牵到衙门来。除了一千两白银的价钱以外，我们还可以多奖五十两白银。"

这么高的价钱！难怪人们议论纷纷。但是，根本没有人知道，这是知县罗际为了找回一匹被人偷去的马而故意写的告示。

事情是这样的：一天早晨，罗际刚刚迈进官府大门，突然身后闪出一个老人家，他三步并作两步，很快地追上罗际，然后拜倒在地上，大声恳求道："大人，大人！我家的一匹宝马昨天晚上被人偷走了，我请求大人帮我破案，找回我丢失的宝马。"

聪明人常从万物中有所感悟，因为他所得到的才能本是从一切事物中汲取的精华。——罗斯金

罗际出身农民，因此对老百姓非常同情。他赶忙扶起老人，说：“您别急，先告诉我您的马长得什么样子。”

老人叹着气说：“唉！都怪我自己马虎，才让偷马贼钻了空子。那可是一匹好马呀，四岁左右，个子高大，背脊很宽，四蹄雪白，身上的毛一片红色，像炭火一样，跑得可快呢！”

罗际点了点头，又问老人说：“您在夜里听到什么动静了没有？”

老人说：“昨天半夜时，我听到马叫了几声，然后又不叫了，我以为没什么事，所以就没起床去看。谁知道今天早上一看，才知道马丢了，我真马虎啊！”说完又流出了眼泪。

问完了这些以后，罗际安慰老人说：“您先回去吧，过几天我找到了马，再请您来领回去就是了。回去吧，您放心，我一定帮您找到宝马。”

老人半信半疑地离开了衙门。

第二天，罗际就写了这份告示贴在官府门口。不到半天，全城的人都知道了。一些大户人家送来几匹好马，但都与告示上写的模样不一致。到了下午，有个马贩子探头探脑地牵来一匹马，与告示上所描述的一模一样。

罗际一边假装说去拿银子，以便稳住马贩子，一边立刻派人去叫丢马的老人来认马。

那马一见到老人，两蹄腾起，鬃发竖立，大声嘶叫，并挣脱马贩子手中的缰绳，跑到老人身边，舔着他的手。老人高兴地说：“就是这匹马，谢谢你了，大人！”

马贩子大惊失色，这才知道中了罗县令的计。他想逃跑，但哪里逃得掉，罗际手下的人立刻把他逮住，关进了大牢。

就这样，罗际假装买马，把偷马贼引了出来，轻易地找到了丢失的马。

《晋书》

本篇成语解释：

1.【半信半疑】一半相信，一半怀疑。既信又不信。
2.【大惊失色】形容非常惊恐，吓得变了脸色。

很多时候，我们遇到棘手的问题后常常百思不得其解。其实我们完全可以反其道而行之，试着从相反的角度去思考和解决问题。

假狮斗真象

宗悫，南北朝时宋国将军。

在一片空旷的平地上，两支军队拉开阵势。战斗开始了。突然，从一支军队的后面冲出了无数头大象，另一支军队毫无思想准备，慌忙挥舞刀枪，但是大象皮厚力大，刀枪根本抵挡不住。结果，那支军队被大象踏死踩伤无数，溃不成军。

这一仗下来，那支军队的主帅宗悫马上挂出“免战牌”，坚决不出战，同时立即召集各位将领商议对策。

一个将领说：“我早就料到这些少数民族非常奇怪，让人捉摸不透，今天算是尝到他们的厉害了。但是我无论如何也没有想到，他们竟然会用大象来打仗。这些动物力大无比，皮又厚，我们根本拿它们没有办法，再打下去，死伤只会更多。依我看，宗将军，我们还是撤退吧！”

另一个将领听了十分气愤，还没等他说完便呼地站了起来，指着他骂道：“你这个胆小鬼，亏你讲得出口，才打了一仗，就想当逃兵！皇帝让你来打仗，你竟然只想到逃命！”

那个将领很不服气，反问道：“我并不是怕死，我只是觉得在这种情况下，越打我们的伤亡就会越多。好！请问你有什么办法来打败敌人？”

另一个将领没想到会被反驳，但他一下子也想不出办法，只好无可奈何地坐下，一句话也不说地在那里发闷。

宗悫知道，将领们光是这么争论是解决不了问题的，弄不好还会伤和气，便劝说道：“好了，好了！各位不要争了，我们还是一起想办法吧！”

这时，一个谋士说：“世界上的动物总是一物降一物的。据我所知，只有狮子能降大象。只是不知道从哪里能搞来那么多的狮子。”

另一个谋士说：“就算有几百头狮子，但如果不经过训练，它们还不把我们当点心吃了！那样的话，仗就根本不用打了，因为仗还没打，我们就都到狮子肚子里去了！”

宗悫听到谋士们的议论，忽然眼睛一亮，说：“有办法了！”

几天后，敌人又派士兵来挑战，宗悫立刻派人送去应战书。于是双方又在一个开阔的场地上摆开了阵势。

这一次，敌人把一千多头大象都排在阵前，战鼓一响，那些大象便威风凛凛地向前冲锋。可是它们刚冲了没多远，忽然见对方阵地上竟扑过来数百头张牙舞爪的花皮大雄狮，顿时吓得威风扫地，转身便逃。

这下可惨了，敌人原以为又可以打胜仗，正洋洋得意呢，却没想到大象竟然都掉头逃跑。很多人还没搞清是怎么一回事，就被大象踩成了肉泥。只听哭喊声、呻吟声响成一片。地上到处都横躺着敌军的尸体。宗悫乘机派军队追击，敌人慌忙投降，只侥幸跑掉了几十人。

宗悫是从哪里得到这些训练有素的花皮大雄狮的呢？

智者和愚人都没有害，最危险的倒是智愚参半。——歌德

原来，他召集画师和工匠，在三天内画出了五百张狮子像，然后都做成了狮子模型。造好假狮后，他令士兵把模型戴在身上装成狮子。结果一开战，假狮反而吓坏了真象，宋军一举成功。

所以说，只要肯动脑筋，什么困难都能克服、解决，你说对不对？

《宋书·宗悫传》

本篇成语解释：

1.【溃不成军】溃：被打垮。军队被打得七零八落，不成样子。形容惨败。

2.【威风凛凛】形容威严可畏，气势逼人。

3.【张牙舞爪】原来形容野兽的凶相。现在多用来比喻坏人凶恶的样子。

4.【洋洋得意】十分得意的样子。

面对困难、解决问题时，我们要懂得变通，取长补短。这样问题与困难便可迎刃而解了。

助火为守门

尉迟运，头脑敏捷，临危不惧。

北周都城长安有一座皇宫，只有一个大门可以出入，这个门叫“肃章门”。门高六米，宽三米多。由于城墙很厚，所以门洞有十多米深。

一天早上，人们还在吃早餐，忽然发现皇宫门口燃起了熊熊大火，噼里啪啦，火光冲天，而且大门的两端还各有一堆火。

原来是有人想用大火烧开皇宫的大门，再带兵冲进去；而皇宫里的人也烧起火来拒敌。

放火的这个人是北周武帝的小儿子宇文直。因为他对自己没有被立为太子之事一直心怀不满，所以想发动叛乱，夺取政权。这次武帝到外地视察，正好给他提供了千载难逢的机会。于是他就在武帝走后的第三天，发动了叛乱。

武帝临出发前，还特意交待宇文直和大臣长孙览，说：“皇儿，长孙爱卿，朕这次外出巡察期间，维持京城治安的重任，就全靠你们了。”

聪明人的特点有三：一是劝别人做的事自己去做，二是决不去做违背自然界的事，三是容忍周围人们的弱点。——列夫·托尔斯泰

两人当时跪在地上，唯唯诺诺地说：“是是是，请皇上放心！”

谁知道没几天，宇文直就发动了蓄谋已久的叛乱。

这天清晨，宇文直带着军队，突然袭击皇宫，想从肃章门冲进去。长孙览是个胆小鬼，见到这情景，当即吓坏了，他没有派人去阻挡叛军，大叫着：“你们可不能向我射箭，不能向我射箭！”说完，便抱着脑袋，万分惊恐地躲进了皇帝的住所，再也不敢现身了。

眼看宇文直的人马就要从肃章门冲进来，这时，肃章门边出现了一个人，他就是守门的军官尉迟运。他一看宇文直带着很多士兵拿着武器气势汹汹地朝大门冲来，就明白了是怎么一回事。他没有迟疑，立刻动手关城门。可是叛军动作很快，大门还没有关上，他们就已经赶到了。他们大声叫喊着：“快开门，快开门！要不然等会儿把你们砍成肉酱！”

尉迟运根本不怕，他一心只想着要把门关牢。一不小心，手指被叛军的刀砍伤了，但他不顾伤痛，使出吃奶的力气硬是把门关紧了，终于把宇文直一伙阻在了门外。

宇文直见硬冲不行，便威胁道：“快开门！否则，我可要放火烧了。”

尉迟运没有理会，马上去找人帮忙。不一会儿，叛军果真放起大火，大门被烧得呼呼作响。

尉迟运找来人以后，看到大门被烧得通红，一时没了主意。没过多久，他突然心生一计：“你们放火我也放火。你们在城墙外面烧，我就在城墙里面

烧，看你们能不能冲进来！”

于是，他和别人搬来了木材、床板等一切可烧的东西，还浇上油，堆得高高的。等到外面的大门快被烧倒时，他点燃了木材。刹时间，熊熊大火席卷整个通道，而且越烧越旺。

宇文直的人马刚冲了一半，却发现前面也有一堆火，根本冲不进去。天快黑了，大火却还没有熄，宇文直没有办法，只得带着人马快快地退走了。尉迟运乘机带领几百士兵追击，大败叛军。

武帝出巡回京以后，立即派人捉拿宇文直，并判了他死刑，同时也重重地奖赏了尉迟运。

同样是火，既能为敌人所用，也能为我们所用，只要肯动脑筋，巧妙地加以利用，就能够做得很好。

《北周书》《北史》

本篇成语解释：

1.【临危不惧】遇到危难的时候，毫不惧怕。
2.【惊恐万状】惊慌恐惧得现出各种丑态。

尉迟运有勇有谋，沉着冷静，在危难之中能想出应敌之策，为自己争取了反败为胜的机会。

于仲文断案

于仲文，隋朝官员。

在州府的练兵场上，东边有一群牛，西边也有一群牛。每头牛都喘着粗气，不停地用蹄子刨着地面。

你不要以为这些牛是练兵用的靶子，其实它们另有用途。这时，在指挥台上，一个小孩大声命令道："放牛！"

只见在指挥台后面，一头公牛被放了出来。这头牛撒开蹄子，朝着东边那群牛冲了过去。

"哦！这牛是任家的，是任家的！"场上的人群欢呼着。

原来是在判断牛是谁家的！

指挥台上那个小孩就是长大后在隋朝做了大官的于仲文。

一天，于仲文他们村里的任家和杜家各丢失了一头牛。这两家都四处寻找，但找了十多天都没有找到。

后来，邻村的一个人给他们找到了一头牛，于是两家都说那头牛是自己的，争来争去，吵得面红耳赤，谁也不让谁。

最后，两家都告到官府里去了，州官也感到这个案子很难办，于是就搁在那里，一直判不了。

这时，有个人对州官说：“听说少年于仲文聪颖过人，为什么不让他来试试判这个案呢？”

州官不以为然地说：“别瞎说了，我都判不了，难道一个少年判得了？你是不是瞧不起我，认为我连一个小孩都不如？”

那人连忙说：“不是的，不是的，大人千万不要误会，我只是想帮大人呀，绝对没有其他意思！我听说，有一年，九岁的于仲文跟随他父亲去拜见隋文帝，文帝出了一个题目想考考他，竟然没有把他难住。所以我想他也许会有办法。”

州官这才相信于仲文真的不错，于是就答应让于仲文来判这个案子。

于仲文到了州府后，问清楚了事情的来龙去脉，想了想，胸有成竹地说：“这个案子很容易判定。只要叫任、杜两家把自己的牛群赶到州府的练兵场上来，一边站一群，然后把找到的那头牛放出去，看它跑向哪一边，不就知道牛是谁家的了吗？”

州官一听，觉得果然是个好主意，连声说：“好，好！嘿！不错，你这小家伙！”说完用手拍了拍于仲文的头。

不一会儿，两家的牛都被赶到了练兵场，一东一西分开站着。只听于仲文命令道：“放牛！”

那头牛马上朝任家的牛群奔去。围观的人们一齐欢呼：“没错，是任家的！”

人在智慧上、精神上的发达程度越高，就越自由，人生就越能获得莫大的满足。——契诃夫

于仲文见杜家不服，又说：“别急，把那头牛再给我牵过来，然后用鞭子给我狠狠地打！”

任家的人见牛被鞭打，非常心疼，拼命上前阻挡，而杜家的人只是在旁边喊着：“别打了，别打了！”

于仲文点了点头后，突然转过头大声责问杜家的人：“如果查出这头牛不是你们家的，而你们要硬领，那么除了罚你们十倍的钱外，还要判你们坐牢！刚才差役们抽打牛时，你们竟一点都不心痛，我就知道这牛肯定不是你家的。快说，到底是不是你们家的牛？”

杜家的人知道瞒不过于仲文，连忙说：“不是我家的，是任家的！”说完便匆忙逃走了。

少年于仲文神断牛案的名声，从此便传了出去。

《隋书》

本篇成语解释：

1.【面红耳赤】赤：红。脸和耳朵都红了。形容发怒或害羞的样子。
2.【不以为然】然：对。不认为是对的，表示不同意。有轻视的意思。
3.【来龙去脉】比喻人、物的来历或事情的前因后果。

智者善于掌握他人的心理，通过细微的观察来了解事情的本质，从而解决问题。

掘墓擒盗贼

苏无名，唐朝官员。善于破案。

一群官府差役模样的人在掘墓，他们一个个大汗淋漓，气喘吁吁。棺材打开了。哇！里面竟全是金光闪闪的珠宝！差役们高兴得跳了起来："哦！找到了，找到珠宝了，快去报告苏大人！"

这珠宝不是别人的，正是唐朝女皇武则天的女儿太平公主的珍藏。有一天晚上，这些珠宝被盗贼从仓库里偷了出来。

太平公主非常喜欢这些珠宝，马上命令手下的人去寻找，还说一定要在三天之内找到。她说："要是三天之内找不到，就别想活着来见我！快去！"

手下的人都吓得直冒冷汗。都城这么大，又没有一点线索，到哪儿去找呀？这比大海捞针还难啊！但是没办法，找不到都要掉脑袋，他们只有立刻分头去找。

一天过去了，两天过去了，丢失的珠宝还是没有一点儿踪影。只有一天的时间了，这些人觉得肯定活不成了，于是干脆都泄气地坐在官府里，等着被处死。

恰巧这天下午，苏无名到官府办一件公事。这些人一见到苏无名，好像抓住了救命稻草，一下子都围了过来，恳求道："苏大人，您破案如神，我们早就听过您的大名，今天无论如何您都要救我们啊！现在只有您能救我们啦！帮帮忙吧！"说完都刷刷地跪在地上不肯起来。

苏无名一时间觉得莫名其妙，但他知道事情肯定很严重，便安慰道："大家别急，都起来，帮得上的我一定帮。先告诉我是怎么回事。"

于是差役们便一五一十地把丢宝，以及太平公主限他们三天内找到珠宝等事讲了出来。

苏无名听后，皱了皱眉头，想了一会儿说："这个忙我帮了，我一定帮你们找到珠宝。但是有一点，就是你们得听我的安排。"接着，苏无名就去拜见太平公主，说他可以找到珠宝，但是要求多给几天时间。太平公主见他信心十足，就答应再给他五天时间。

苏无名接着吩咐差役们说："你们这几天分头到城门去等候，如果看见有身穿孝服的胡人（西北少数民族）出城到北邙山去扫墓，就立即来向我报告！"

到了清明节那天，果然有十几个胡人出城往北邙山走去，差役们便悄悄地跟在后面。只见那些胡人在一座新坟前跪下，接着摆下祭物、点上香烛、烧了纸钱，然后干号了一阵。没过多久，他们竟破涕为笑。差役们觉得不对头，都十分

纳闷儿，于是一边监视着，一边派人去报告苏无名。

苏无名一拍桌子，高兴地说：“他们就是盗宝贼！”于是当即下令逮捕那些胡人。后来他们掘开坟墓一看，发现丢失的珠宝一件不少，都在里面！

原来苏无名在进城那天，碰到十几个胡人抬着一口棺材出葬，但他们神色不太正常，哭声也是假的，他当时就觉得有问题。后来他听说太平公主丢了珠宝，马上便知道了那些胡人就是盗宝贼。他知道盗贼们会趁清明节人们都扫墓时去取珠宝，于是就想出了这么一个“掘墓擒贼”的计策，结果很顺利地就破了案。

太平公主得知找到珠宝后，连连点头称赞，不仅给了苏无名许多奖赏，还建议皇帝提升了他的官职。

《新唐书》

本篇成语解释：

1.【莫名其妙】莫：没有谁；名：说出。没有人能说出其中的奥妙。多用以形容事情很奇怪，使人不明白，说不出道理来。

2.【破涕为笑】涕：眼泪。停止了哭，反而笑了。指转悲为喜。

苏无名在历史上称得上是破案高手，许多疑难案件都被他攻破，名气堪比狄仁杰。从他的智慧破案中，我们总结出，在日常生活中应养成留意细节的好习惯，平时细心观察，在关键时刻往往能派上用场。

聪明出于勤奋，天才在于积累。——华罗庚

武则天驯马

武则天，名曌，又被称为“武媚娘”。并州文水（今山西文水东）人。唐高宗的皇后，后来自称“圣神皇帝”，改国号为周。明敏机智，性格倔强，有权术，善于应变。我国历史上唯一的女皇帝。

武则天是我国唐朝时的一位女政治家、女皇帝，把持朝政五十多年。她出生在蜀地利川（今四川广元县）的一个将门家庭，童年时就聪慧过人，琴棋书画样样精通，而且容貌美丽，胆大有心计，十四岁那年她被唐太宗召进宫中，选为才女。

有一年，一个少数民族的国王派人给唐太宗送来一匹名叫“狮子骢”的宝马。但是这是匹烈马，没有人驯服得了它，一般人根本不能接近它，更不用说骑了。

唐太宗非常感兴趣，他叫手下把那马牵来一看，果然是一匹少见的宝马。唐太宗点了点头，笑着说：“嗯，

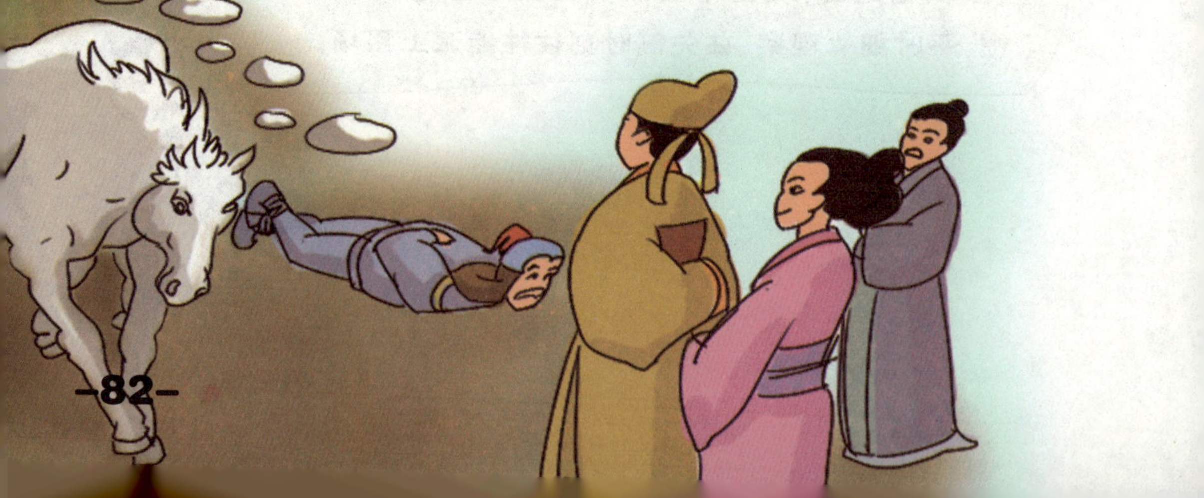

好马！好马！”

只见那匹马全身雪白，眼珠发亮，骠肥体壮，浑身透出一股野劲。唐太宗当即派驯马师去驯服它。可是驯马师刚骑上去，缰绳还没抓稳，那马就一声长嘶，把他颠下了马背，摔得鼻青脸肿。

唐太宗手下一个年轻气盛的将领大喊一声：“让我来试试！”

只见他边走边脱盔甲，三步并作两步，转眼就到了烈马旁边。他接过缰绳，飞身跨上马背。那烈马见来了一个年轻人，根本不把他放在眼里，似乎在说：“你也想制服我？”

马儿先慢慢地小跑了几步，故意让那个将领得意一下，然后突然迈开蹄子，疯狂地奔跑起来，边跑还边把屁股撅得老高。那个将领一时吓呆了，只得紧紧地抓住缰绳，双脚夹住马肚。但是，他哪里禁得起烈马的折腾呢？最后也从马背上跌了下来，半天爬不起来。那马又得意地叫了几声，似乎在向众人示威。

这时，站在唐太宗身旁的武则天请求道：“皇上，让我试试看吧！”

唐太宗看了看年幼而纤弱的武则天，笑着问道：“你能行吗？”

“皇上，女子就不能驯马吗？”武则天从容不迫地说，“不过我需要三样东西：一根钢鞭，一把铁锤，一柄匕首。”

唐太宗不解地问道：“你要这些东西有什么用？”

武则天笑了笑，满怀信心地说：“马活着就是给人骑的，它不让我骑上去，我就用鞭子抽；抽它不服，就用铁锤敲它的头；

智者的从容不迫是源自内心十足的把握。

再不服，我就用匕首将它宰了！”

她说到做到，马上腰插铁锤、匕首，手执钢鞭，大胆地逼近烈马。那马见一个女孩子也敢来驯它，似乎有点震住了。但它仍大声喷气，不让武则天靠近。武则天举起钢鞭狠狠地抽了它几鞭子，并乘机骑了上去。那马故伎重演，又跳又纵，武则天则抓紧它的颈毛，举起锤子朝它的头就是几下。那烈马还想调皮，这时，武则天一下子拔出了匕首，马看到雪光发亮的匕首，发出了一声哀嘶，立马乖多了，规规矩矩地迈开蹄子慢慢地跑了起来。

唐太宗一看，在龙椅上大声叫好：“不愧是女中豪杰，有胆有识啊！”

从这件事可以看出，武则天是多么的机智勇敢，更何况她当时还只是一个十几岁的女孩子！

《新唐书·后妃列传》

本篇成语解释：

1.【从容不迫】不慌不忙，非常镇静。
2.【故伎重演】伎：伎俩，花招。老花招再耍一次。

粮车巧藏兵

裴行俭，字守约，绛州闻喜（今山西闻喜东北）人。唐朝官员。官至礼部尚书。

一支小部队押运着粮车慢慢地往前走着。眼看就要到达自己的营寨了，士兵们都舒了一口气，想歇会儿再走，他们有的去找水喝，有的解开衣扣乘凉。谁知这时候突然从几百辆粮车里跳出一支人马，个个精壮有力，大声喊道："杀啊！"然后便挥刀猛砍。押运粮车的那些人根本没想到粮车里竟然会有士兵埋伏，还以为是神兵到来，都吓得瘫倒在地上求饶。就这样，粮车里的士兵们轻易地取得了胜利。

原来一直以来都有一群人抢唐军的粮草，于是唐朝官员裴行俭便想出了这样一个计谋来对付他们。

当时，唐军奉朝廷的命令去讨伐反叛的突厥（西北少数民族）人，但是几乎每一次出征都被突厥兵打败。因为突厥兵不直接与他们交战，而是先派人在途中抢夺他们的军粮。而运送军粮要经过的地方到，处都是树林，且地形复杂，根本没办法知道突厥兵埋伏在哪里，所以突厥兵每次都能得逞。这样一

来，唐军没有粮食吃，还打什么仗呢？

一天，唐军派了一支精兵，由一个勇猛的大将率领着，押着军粮谨慎地往前走。天色突然变暗了，这支运粮部队来到了一个山谷口。大将正担心附近是否会有埋伏，猛然间从山谷两边各冲出一支突厥兵，他们哟哟怪叫着冲杀过来。唐朝大将冷静地率兵抵抗，但是敌人太多了，最终粮食还是被抢了去。唐军那个大将左冲右突，好不容易带着几十个士兵逃了出来。

回到朝廷后，那个将领跪在地上请罪说：“皇上饶命，饶命啊！我奋力拼杀，但还是没能保住粮食。我有罪，只恳请皇上从轻发落！”皇上心急如焚，他知道如果还不把军粮运送给前线的部队，情况就危急了。他不停地对自己说：“这可怎么办呢？怎么办呢？”

这时一个官员走上前，对皇上说：“皇上不用太担心，我想出了一个计谋，可以让突厥兵不敢再抢我们的粮食！”

皇上马上跑过来抓住他的手，说：“裴行俭，你有什么良策，快说呀！”

裴行俭说：“我们可以将计就计。他们一心要抢军粮，我们就可以在粮车上打主意。如果我们在粮车里隐藏我们的士兵，故意让敌人抢去，等到时机成熟，这些士兵从车里跳出来，来他个突然袭击，肯定能把突厥兵杀个措手不及。同时，我们再派一支精兵埋伏起来，等敌人的救兵来支援，我们再打一个伏击战，又杀他个大败，那么他们就再也不敢放肆地抢军粮了。”

智慧的可靠标志就是能够在平凡中发现奇迹。——爱默生

于是，皇上便按照裴行俭的计谋，命令准备三百辆车子，假装装满粮草，其实每辆车子里都藏有五个精壮的士兵，他们都带着长刀硬弓。他们还特意让几百个老弱残兵押送那些车子。

到了上次被抢的那个山谷口，一支突厥兵又出现了，押粮的老弱残兵立刻丢下车辆，拔腿就逃。突厥兵毫不费力，就抢到了几百辆装满“粮食”的“粮车”，自然十分高兴，于是赶着马，将其押回自己的营寨。但是，在离营寨不远的地方，趁他们休息的时候，粮车里的唐兵一个个从车里跳了出来，把他们杀得屁滚尿流。没过多久，突厥派兵来支援，结果又中了唐军的埋伏，几乎全军覆没。

从此以后，突厥兵再也不敢抢唐军的粮食了。不久后，唐军终于平息了反叛的突厥人。

《旧唐书·裴行俭传》

本篇成语解释：

1.【心急如焚】心里急得像火烧一样。

2.【屁滚尿流】形容惊恐万分，狼狈不堪的样子。

曹玮智诱敌

曹玮，字宝臣，北宋大将。官至御史大夫。

在一条路上，一支部队七零八落地走着，士兵们三三两两的，有的耷拉着脑袋，有的倒扛着军旗，一个个垂头丧气。他们是不是打了败仗呢？

不是。他们打了胜仗。

这就怪了，打了胜仗士气怎么反而低落呢？

先别急，小朋友们，看完这个故事，你就会恍然大悟的。

北宋年间，有一个叫曹玮的大将负责守卫边疆，抵抗西夏（北方少数民族）的骚扰和进攻。他治军严明，部队纪律非常好。他还经常亲自操练士兵，让士兵们苦练杀敌本领。但是西夏兵十分可恨，他们隔三岔五地就到边境线上进行骚扰，抢老百姓的牛羊，老百姓的日子很不安宁。曹玮看在眼里，急在心里。他暗下决心，一定要狠狠地打击西夏兵，让他们再也不敢前来。

然而西夏人很狡猾，他们并不出动大部队，而是每次派出

一支小部队，抢到东西就迅速逃走。他们以为这样一来，宋军就拿他们没办法。于是，曹玮决定用计谋把西夏兵都引出来，然后一举歼灭。

不久后，西夏兵又来侵扰，抢到了不少牛羊，但没想到在回去的途中却被宋军打败了。他们想着逃命要紧，于是把抢到的牛羊和打仗用的车辆都扔下了。

曹玮并不追击，故意让敌人逃走，他只是带着敌人丢弃的牛羊、车辆，慢慢地返回营寨。一路上，他叫士兵们装作非常松懈、很疲惫、士气低落的样子，还叫他们解散队型，三三两两地行军。

有个军官不明白曹玮的用意，看到这种情形，非常担心，就对曹玮说：“这些牛羊没有用处，反而牵制了军队的行动，不如丢掉。另外，请求您下令整顿队伍，赶快回去，免得敌人反过来突袭我们。”

曹玮并不理睬，只是派人探听敌军的情况。

不久后，探听的人回来报告说：“将军，敌人本来已经逃到了几十里以外，但听说我们队伍不整、纪律松懈后，他们又突然掉转头，向我们追过来了。”

一个人的智慧不是一个器具，等待老师去填满；而是一块可以燃烧的煤，有待于老师去点燃。——考留达克

曹玮知道，西夏兵不甘心抢到的牛羊又被宋军夺回，便想重新抢回牛羊。而且他们听说宋军十分松散，认为这正是个有利的时机，便嚣张地杀回来了。

曹玮心里暗暗高兴，知道敌人中计了。他马上下令停止行军，并叫士兵们挑选一个有利的地形，作好充分的准备迎战敌人。

西夏军很快便追到了宋军跟前，发现宋军并不松散，而是整整齐齐地列好了阵势，他们这才知道中计了，掉头就逃。

就在这时，曹玮一声令下："打！狠狠地打！"

西夏兵一路追来，已经十分疲劳，还没喘口气，却又遭到宋军的突然进攻，一下子就溃不成军。宋军以逸待劳，打了一个大胜仗。

在回军途中，曹玮高兴地对部下说："我知道敌军第一次败走后不会甘心，还会再来，所以故意带了牛羊，不整队形，引诱他们追袭。等到他们回师再来，已经走了近百里路，肯定十分疲劳，这时我们只要一出击，就可以打败他们，不是吗？"

部下们听了，都非常佩服曹玮的智谋。

《梦溪笔谈》《能改斋漫录》《宋史》（卷二五八）

本篇成语解释：

1.【七零八落】形容零零散散，不集中的样子。特指原来众多和整齐的东西现在零散了。

2.【垂头丧气】低着脑袋，无精打采。形容失意懊丧的样子。

狄青巧卜钱

狄青，字汉臣，汾州西河（今山西汾阳）人。北宋大将。带兵有道，很有计谋，勇不可挡。官至枢密使。

北宋时期，朝廷的一个重将在南方发动叛乱，想夺取政权。叛军一开始气势汹汹，进军很快，一下子就打到了广西南宁。

皇上急忙召集大臣、将领们商量对策。他说：“各位将军，现在有人在南方发动叛乱，一路上攻城略地，气焰十分嚣张，谁可以把叛军镇压下去？”

由于叛乱发生在远离都城的南方，路途遥远不说，就是南方湿热的天气也让北方的士兵们受不了，搞不好士兵们还会染上瘟疫，那就更麻烦了。因此一时之间没有人站出来接受这个使命。

见了这种情况，皇上叹了口气说：“平时你们都说对朕忠心耿耿，要誓死报国，现在到了真正需要你们的时候了，却一个个都不作声。唉！原来都只是平时说得好听，我算是看透你们了！”

皇上无可奈何，正准备退朝，这时候一个人站了出来，口气坚决地说：“皇上，虽然我以前从来没有带过兵、打过仗，但既然现在没有将军愿意出征，那么我想

试试，如果不能平息叛乱，我就以身殉国。”

皇上一看，原来是担任枢密副使（最高军事机关的副长官）的狄青。

皇上知道狄青很有智谋，而且正愁没人愿意出征，于是马上说：“好！不愧是朕忠心的臣子，我马上封你为大将军，带兵南征。即使不能平息叛乱，但只要你尽了力，就行了。打了胜仗的话，朕一定重重地赏你！”

第二天，狄青就率领大军出发了。这一去不仅路途遥远，而且道路又难行走，狄青很快就发现士兵们信心不足，几乎个个都是一副疲惫不堪的样子。他十分清楚，如果这么去打仗，十有八九要输，于是他决定设计稳定军心，鼓舞士气。

大军很快就到了广西桂林。一天，部队经过一座大庙，狄青对部下说：“大家先休息一下！我听说庙里的菩萨很灵验，我要进去祈祷一番，再算一卦，看我们能不能获胜。”

狄青率领一群部将和少数士兵进了大殿，他对着神像祷告说：“这次我带兵出征，请求神灵保佑，并预示吉凶。现在我将一百个铜钱投掷在地上，如果我们能大获全胜，那么，铜钱全部正面朝上。”

说完，他从身边拿出一百个铜钱，准备投掷。这时，他的一个随从忙上前劝阻说：“将军，如果铜钱不是全都正面朝上，恐怕会动摇军心，我认为还是不投掷为好。”

狄青摇摇头，不理睬他的意见，顺手一掷。顿时，一百个

从智慧的土壤中生出三片绿芽：好的思想、好的语言、好的行动。——希腊谚语

铜钱撒了一地。大家上前一看，只见铜钱的正面统统朝上，这样一来，庙里的将士都高兴得跳了起来："哦！我们可以打胜仗了！"消息迅速在军队中传开，全军将士都喜笑颜开，欢笑之声一时间惊天动地，士气一下子提上来了。

后来，他们与叛军作战，将士们个个英勇无比，很快便打了胜仗，平息了叛乱。

其实，狄青故意用了一个计谋来鼓舞士气。他投掷的那一百个铜钱是预先特制的，它们两面都有字，也就是说任何一面都是正面。这样一来，卜钱的结果自然是让大家都高兴的！

《梦溪笔谈》《铁围山丛谈》《宋史）（卷二九O）

本篇成语解释：

1.【忠心耿耿】耿耿：忠诚的样子。形容非常尽心尽力。
2.【喜笑颜开】颜：脸色。形容心里高兴，满面笑容的样子。
3.【惊天动地】（声音响亮）惊动了天地。形容声势浩大或气势雄伟。

杯酒释兵权

宋太祖赵匡胤，涿州（今河北涿县）人。宋王朝的建立者。

在一座金碧辉煌的宫殿里，身穿龙袍、头戴龙冠、容光焕发的宋太祖正在与手下的一些高级将领喝酒。他们有说有笑，场面十分热闹。

将领们见皇上十分高兴，还不停地与他们碰杯，于是越来越得意了。他们大声地划着拳，粗声粗气地叫喊着，还时不时地为歌女们的精彩表演鼓掌，同时嘴里喊着："好！好！再来一个！"

宋太祖却不露声色，不过细看的话，可以发现他脸上有一丝狡黠的微笑，嘴里还不停地念念有词。宋太祖在想：现在你们得意，待会儿要你们一个个跪在地上向我求饶！

几天前，他和心腹大臣赵普谈心的场面也浮现在脑中。当时，宋太祖问赵普：“唐朝末年以来，皇帝换了一个又一个，战乱不息、天下混乱，原因在哪里呢？”

赵普一时间不知道怎么回答才合适，含含糊糊地说：“这，这……”

宋太祖追问道：“我想结束战乱，求得长治久安，让老百姓过上安稳的日子，请问该怎么办？”

赵普想了想，说：“战乱不息，天下不安，主要是因为皇帝手中的权力不如将军们的权力大，他们随时可以发动叛乱，所以导致了这种局面。如果夺了他们的权力，把权力都集中到皇帝手中，那么天下自然就太平了。”

“好，好。不用讲了，不用讲了。我已经明白了！”宋太祖不等赵普说完，就挥了挥手，加以制止。他当时就下定决心，要按赵普的建议去做，夺取将领们的兵权。

于是宋太祖就安排了这一次酒宴，以便乘机行事。这样就出现了本文开头的那一幕……

酒过三巡，将领们都有了几分醉意。这时，只见宋太祖端起一杯酒，慢慢地从座位上站起来，对将领们说：“如果不是你们，我是当

不上皇帝的。可是当皇帝也真难啊，我没有一个晚上能睡个安稳觉！”

将领们听皇上在这种高兴的场合说出了这种话，觉得很奇怪，便急忙问道：“皇上，这是为什么呢？”

宋太祖摇摇头说：皇帝这个宝座，谁不想坐？”

将领们都慌了神，结结巴巴地说：“如今陛下已做了皇上，难道有谁打您的主意不成？”

宋太祖又摇了摇头，说：“不是！你们当然不会打我的主意。但是如果有一天，你们的部下也将黄袍加在你们身上，你们会不想做皇帝吗？”

将领们更是吓坏了。因为宋太祖当年就是部下将黄袍披到他身上，拥戴他为皇上的，所以，他们以为宋太祖是想找借口把他们都杀了，于是连忙齐刷刷地跪倒在地上，不停地叩头，嘴里还哀求着：“皇上饶命！”

宋太祖这时换上缓和的口气说：“人一辈子就活那么几十年，应该珍惜才对呀，我也是为你们着想！你们为什么不交出兵权，多买些田地、房屋、歌伎、舞女，让自己欢乐一世，也让自己的子孙永不受穷呢？”

听了这些既是劝告又是警告的话，将领们个个心惊肉跳，庆幸保住了一条命，都赶忙谢恩说：“承蒙皇上如此关怀，我们将永世不忘皇上的恩情！”

第二天早上上朝时，这些将领们都纷纷称自己年老多病，

人的智慧掌握着三把钥匙：一把开启数学，一把开启字母，一把开启音符。知识、思想、幻想就在其中——雨果。

要求解除军职。宋太祖含笑一一批准，并赏给每个将领一大笔钱财，让他们告老还乡。

就这样，太祖收回了将领们的兵权，除去了长期以来的一块心病。历史上有名的“杯酒释兵权”的故事，就是这件事。

《宋史纪事本末·收兵权》

本篇成语解释：

1.【金碧辉煌】金碧：指国画颜料中的泥金、石青和石绿。形容建筑物装饰华丽、光彩耀眼的样子。

2.【容光焕发】容光：面容上的光彩；焕发：光彩四射的样子。脸上发出光彩,形容人身体健康、精神振奋。

3.【心惊肉跳】形容十分恐惧不安。有时表示预感有灾祸临头时的恐惧心情。

用一席酒宴。几番看似轻描淡写的话语便收回了兵权,宋太祖的智慧真是非同凡响。

宰相断家务

张齐贤，字师亮，北宋时宰相。

街道的两旁，各有一户人家。东边那一家大门的两侧挂着大大的红灯笼，每个灯笼上都用黄漆写着“赵”字；西边那一家大门的横梁上有一块大匾，上面赫然醒目地用隶书写着的也是“赵”字。

是的，他们都是当今皇上的姻亲。

今天一早，两家又吵起来了。这边的说：“你们得到的比我们得到的多，真不要脸！”那边的也毫不客气，反驳道：“亏你们说得出口，昧着良心说瞎话，明明占了便宜还硬说吃了亏，真不知羞耻！”

气氛越来越紧张。东边那家有人挽袖子、抖胳膊了；西边那家哪里会怕，马上就有人去抄家伙。眼看一场恶斗就要爆发……

“慢——都给我住手！”这时，从街的拐角处走过来一个人，大喝一声！

这个人就是当朝宰相张齐贤，他是奉皇上的差遣来处理家务的。没想到今天一来，两家又在吵，而且还想动手！

这两家是在为财产分配不均而争吵。原来，前不久，皇上赐给两家一大笔财产，让他们自己去分。皇上认为两家都比较富裕，而且又是亲戚，便以为分配时不会出现麻烦。

俗话说：“越有越贪。”这两家从开始分，就没有停止过争吵。由于是两家之间的家务事，皇上觉得要处理好也很难，但他又不想两家都得罪，于是干脆不插手，而让宰相张齐贤去处理。

张齐贤一开始也觉得束手无策，因为断案难免会得罪一方，而这两家都是皇上的亲属。得罪了皇上的亲属，还不就等于得罪了皇上吗！

怎么办呢？张齐贤决定先去看看两家的情况，没想到一来，就看到两家正吵闹不休。

见宰相来了，两家人便不再吵了，都立刻跑到宰相身边，诉说着自己的不满：“您瞧他家，哪点儿不比我家沾光？”

“唉呀，宰相大人，我们太吃亏了，您得帮我们说句公道话呀！”

张齐贤微微笑了，说：“大家都别急，有话好好说，用不着吵！我自然会公平处理的。你们都回家去吧，让我先看看！”

于是他亲自到两家去查看。他先来到东边这一家，这一家想偷偷地送他古玩玉器。张齐贤笑着摆了摆手，说：“我是来查看情况的，这些东西我怎么能要呢？你还是拿回去自己享用吧！”

他又来到西边那一家，那家人也想收买他，但也被他婉言拒绝了。不过，张齐贤发现，其实这两家家产差不多，都是高阁华宅，亭台楼榭，描龙绘凤，风风光光。调查完以后，他心里有了主意。

几天以后，张齐贤把两家的主人都叫来，说：“你们是不是都认为自己的东西分得少，对方分得多呢？”

双方都说：“是的。”于是张齐贤要他们在供词笔录上签字画押。两家主人不知道张齐贤葫芦里卖的是什么药，都一一照办了。然后，张齐贤成竹在胸地说：“既然你们都认为对方的东西比自己的东西多，那么你们就互相对调一下。财产器物都不能带走，就把这两份财产文契相互交换了吧！”

两家主人知道中了张齐贤的计，但供词已经画押，又不好反悔抵赖，只好无可奈何地回家了。

《宋史》（卷二六五）

智慧，勤劳和天才，高于显贵和富有。——贝多芬

本篇成语解释：

1.【束手无策】策：办法。像手被捆住一样，一点办法也没有。形容遇到问题没有解决的办法。

两家人交换财产都是有自己签字画押的证据的。张齐贤这样做非但不会得罪任何一家，而且解决了纠纷，这是智慧啊。

巧用香豆计

毕再遇，南宋著名将领。

“冲啊——”一大队骑兵挥舞着大刀，风卷残云般地冲杀过去。对面的一大群金兵马上鞭打战马，想上前迎击，可是不管怎么抽打，胯下的战马就是一动不动，只是不停地用鼻子在地上嗅来嗅去。结果，金军的骑兵一个个束手待毙，片刻间便被砍杀了无数。

就这样，宋军在将军毕再遇的率领下打了一次大胜仗。

金兵非常可恶，这几年隔三岔五地来骚扰南宋的边疆，搞得老百姓根本无法安心生活。他们还仗着奔跑迅速的战马，常常深入到内地来抢夺牛羊和粮食，得手以后，就飞快地撤回北方。

朝廷很着急，派了几个将领带兵去抵抗，但都失败而归。因为金兵异常凶狠，战马跑得又快，常常一阵烟似的突然出现，又一阵风似的带着战利品迅速消失，肆无忌惮，如入无人之境。

当时在南方当官的毕再遇听到了这个消息，非常气愤，心想：金兵真是欺人太甚，我堂堂大宋王朝难道对付不了你们？于是他自告奋勇，请求到边疆驻守，以便狠狠地打击金兵，把金兵的嚣张气焰压下去。

但毕再遇知道，这事不能光靠蛮干，必须以巧取胜。因为宋军见了金兵，都有点害怕，所以硬拼的话，只能又是失败。毕

生活里没有书籍，就好像没有阳光；智慧里没有书籍，就好像鸟儿没有翅膀。——莎士比亚

再遇整整一天一夜不吃不睡，苦苦地思索着。第二天天亮了，他还是没想出好的计谋，随从们怕他熬坏了身体，拿饭来给他吃，可他却连瞧都不瞧一眼。

“报！”

一阵急促的马蹄声由远及近，随即一个士兵大步跨进营帐，大声说：“报！将军，金兵又来了！离我们只有二十里路！”

毕再遇呆坐在那里一动不动，但是刚才报信的士兵来时的马蹄声却在他耳边不断地回响。突然他眼前一亮，想到：“金兵之所以这么猖狂，还不是仗着有跑得快的战马。那么，我为什么不能设法让他们的战马都不走呢？如何吸引他们的战马，让我们乘机歼敌呢？马最爱吃大豆了，对了……”

想到这里，他立即集合士兵，说：“各位将士，把昨天煮熟的香料豆子都带在身上，准备出击。”很快，他们就和金兵接上了火。打了一会儿，毕再遇下令撤军。宋军随即秩序井然地向后撤，边撤边还击。金兵怕中计，不敢过分追击。宋军撤回驻地，休息了两个小时后，毕再遇又下令出击。

就这样，毕再遇采用拉锯战术，一会儿进攻，一会儿后撤，三番五次地引得金兵又是抵挡，又是追击，把他们搞得坐立不

安，精疲力竭。不知不觉，太阳就快落山了。

毕再遇又下令第五次出击。可是，刚一交手，宋军又老调重弹，马上向后撤，边撤边撒香豆。金兵看不清，只是气势汹汹地追击过来。然而，追了没多远，他们的战马便不肯再走了，因为它们已经厮杀奔跑了整整一天，饥饿难忍，现在闻到地上有香豆，于是都去找香豆吃了，哪里还会走呢？

金兵使劲地抽打战马，但是饿慌了的战马就像生了根一样，一动不动，只顾找香豆吃。

毕再遇见计谋成功，便立即命令宋军回兵反击。金兵逃脱不及，片刻间就死伤无数。他们终于尝到了宋军的厉害，从此以后再也不敢贸然南侵了。

《宋史·毕再遇传》

本篇成语解释：

1.【风卷残云】大风吹走了残留的云片。比喻在极短的时间内消灭干净。

2.【束手待毙】毙：死。捆起手来等死。比喻遇到困难不积极想办法解决，却坐等失败。

3.【肆无忌惮】任意妄为，毫无顾忌畏惧。

4.【精疲力竭】形容精神非常疲惫，没有一点力气。

王冕解字谜

王冕，字元章，号“煮石山农”、“梅花屋主”。诸暨（今属浙江）人。元代画家、诗人。

快过年了，别人家都在买年货，打扫卫生，给小孩子买新衣服，准备过一个热热闹闹的新年，可一个放牛娃仍然在给地主放牛。看着别人家都在作过年的准备，他暗暗地流泪，没有父母的孩子真可怜啊！去年，地主狠心地把他的工钱全部扣了，让他大年三十只吃了一碗清清的稀饭。还是隔壁的老大娘心地善良，看他可怜，给了他一个香喷喷的肉包子。

放牛娃暗下决心：今年我一定要领回工钱。

于是，一天傍晚，他把牛关进牛棚以后，便来到地主家，央求道：“东家，去年你没有给我一个子儿，我算是白干了一年。今年我请求你把工钱都给我。行行好吧，别人家都准备过年了，你看我身上，破破烂烂的，过年了家里连一块肉都没有。你就可怜可怜我吧！”

那地主恶狠狠地说：“你急什么急，难道还会少了你一个子儿不成？是你的，我总会给你的，再说了，离大年三十还有好几天哩！”

放牛娃又苦苦地哀求了一番，但地主丝毫不松口。最后，他知道没希望了，只好忧伤地揉着眼睛，揩着眼泪回家了。

他知道地主想故伎重演，最后又是一分钱都不给他。但他不甘心，反而更下定决心要拿回工钱。

大年三十这一天，放牛娃又来到地主家中，问地主要工钱。地主一开始气势汹汹地说：“我还会少你这一点工钱不成？要你这一点点钱，我也发不了财。我会给你的，总跟着我问，烦不烦呀！”

放牛娃说：“东家，你总说给我给我，可今天已经是三十了呀，明天就是新的一年了，难道你又要把我的钱瞒掉？你说，是不是？你真是没有一点良心！”

地主知道去年没给他工钱，如果今年再不给，他是不会甘心的，说不定会赖在他家里不走，那就会扫他家的兴，给他家带来霉运，因此他的口气松了点。但他老奸巨猾，想了一个歪主意。他对放牛娃说：“我给你讲一个故事，故事的谜底是一个字，如果你猜得出这个字，我就把工钱给你。否则的话，哼，可别说我欺负你！”

放牛娃答应了。

地主说：“从前有伙穷人在锄地，偶然挖出了一块玉璧。大家叫道：‘是块宝贝呀！我们分了吧。’于是，他们就把玉璧砸碎了，一人分到一块。可是他们却不知道，这块价值千金的玉璧一旦砸碎了就分文不值了，结果，这伙穷人仍旧是两手空空。好了，这是个故事谜，打一个字，你猜吧！”

放牛娃脱口而出，说：“你讲的是‘穷人分宝贝，结果还是穷，的意思，这不是‘贫’字吗？”

地主没想到放牛娃这么聪明，竟答出来了，因此只好极不情愿地把一年的工钱都付给了他。

放牛娃接着反过来出了一个谜让地主猜，谜面是“马踩扁了钱箱”。

地主哪里猜得出来！于是放牛娃告诉他说：“马踩扁了钱箱，马和扁合在一起，不就是‘骗’字吗？”

地主被放牛娃借机骂了一通，脸色红一阵，白一阵，但又不好发作，只得让他回家了。

这个放牛娃就是元朝著名的画家、诗人王冕。

《明史·文苑传》（卷二八五）

本篇成语解释：

1.【气势汹汹】比喻样子和势头很凶猛。
2.【老奸巨猾】滑：狡诈。指阅历深而手段极其奸诈狡滑的人。

用智慧取回原来属于自己的利益，再用智慧来进行绝地反击，王冕真是个聪明的放牛娃。

巧言驳老师

岳柱，元朝著名学者。

已经是夏天了。这一天，太阳早早地爬上了山顶，放肆地吐着火焰般的光和热。地面很快便被晒得烫脚板，知了也不厌其烦地叫着，喧闹不休。

小河边有一所私塾，里面也十分热闹。在很远的地方就隐隐约约地听到学生们尖尖的嗓音。咦！好像不是琅琅的读书声。再走近些。哦！原来是学生们的喧闹声、打骂声……

只见课堂上乱七八糟：有些学生在习字本上画着乌龟；有两三个趴在课桌上呼呼大睡；有的在外面的草坪上逗蟋蟀玩，还不停地叫喊着“咬它，咬它”；有的在院子里嬉笑逗骂；甚至还有四五个来到河边，连衣裤都脱了，露出小屁股，“呵，游泳喽！”

唯独有一个穿得十分破旧的小孩坐在墙脚，默默地轻声朗读着课文。他叫岳柱，这一年八岁。

老师上哪儿去了？

岳柱隔不久，就朝课堂里的讲台上望望。“唉！老师还在睡！”他叹了口气，继续读书。

这个老师本来是一个有名的学者，他对元朝的统治非常不满，但是一个人的力量毕竟太弱小，即使想有一番作为也

改变不了现状。因此，他只得无可奈何、日复一日地在私塾里教书，好换些银子去打酒喝。

放学后，他常常一个人坐在酒店里喝闷酒，想借酒消愁，但是，越喝越愁啊！他对那些纨绔子弟也不用心栽培，听之任之，自己也渐渐地养成了懒散的习性，经常在课堂上打瞌睡。

这样一来，那些本来就不喜欢读书的孩子，自然十分高兴。但这个叫岳柱的孩子却很有意见c他听说老师以前博学多才、严谨认真，根本不是现在这副样子。可老师现在为什么老爱打瞌睡呢？他决心解开这个谜。

有一天上习字课，老师叫学生们按字帖练字，布置完作业不久，他就伏在讲台上打起鼾来，课堂里一下子像炸了锅似的。学生们什么事都干，就是不练字。过了不久，岳柱悄悄地走到讲台旁，摇醒了老师，低声问道："老师，您为什么老是打瞌睡呢？"

老师正在做白日梦，朦朦胧胧中被岳柱摇醒，他迷迷糊糊地看了一下四周，故作神秘地回答道："我是到梦乡里见古圣先贤去了，就像孔子梦见周公那样。然后将古圣先贤的教导传授给你们。"说完他还故意吟了几句诗，又叹息道，"茫茫人世，芸芸众生，人妖不分，人妖不分啊！"

岳柱很聪明，知道老师是在编谎话骗他。他也知道老师有心事，于是想帮老师改掉打瞌睡的坏毛病。他左思右想，终于想出了一个好办法。

第二天上课时，老师正在领读课文，忽然发现岳柱在打瞌

大勇若怯，大智若愚。——苏轼

睡，于是他走到岳柱身边，提着他的耳朵，大声呵斥道：“大胆，上课竟敢打瞌睡！给我站起来。唉，朽木不可雕啊！”

岳柱不慌不忙地站起来说：“老师，我在学习呀！我像您一样，到梦乡拜见古圣先贤去了，他们给了我很多教导。我还问他们说：‘我们的老师几乎每天都来拜访你们，你们给了他一些什么教导啊？’但他们回答说：‘从未见过这样一位老师。’”

老师听了，顿时瞠目结舌，继而满脸羞愧。他没想到自己的学生竟然揭穿了自己的谎言，而且还是以其人之道还治其人之身。

从此，他改掉了打瞌睡的坏毛病，对岳柱更是悉心栽培。后来，岳柱终于成了元朝著名的学者。

《元史·艺文志》

本篇成语解释：

1.【纨绔子弟】纨绔：古代剥削阶级子弟所穿的细绢做的裤子。指那些只知享受，什么事也不能干的富贵人家子弟。

2.【博学多才】学问丰富，才能高。

3.【芸芸众生】佛教指世间一切生灵，后指众多的普通百姓。

4.【瞠目结舌】瞪着眼睛说不出话来。形容窘迫或惊呆的样子。

聪明能带来财富和权力，智慧则能带来快乐。聪明人往往有很多技能，这些技能只要机缘巧合，就能化为财富和权力。但是财富和权力与快乐很多时候并不成正比，快乐来自人心。

巧布干柴计

高兴，字功起，蔡州（今河南汝南）人。元朝将领。官至左丞相。

一堆，两堆……

一天接一天，干柴越堆越高。“呼”，一把火把柴堆点燃了。一下子，山上的寨棚都着火了，不久便被烧光了。

这个故事发生在元朝的某一天……

这一年，有个强盗在福建发动了反朝廷的叛乱，队伍一下壮大到几万人，他们占据了一座大山，并在山上扎起了坚实的营寨，准备长期作乱。

朝廷派兵镇压，但是两年过去了，却始终没有平息叛乱。元世祖又派著名的将领高兴领兵前往讨伐。

高兴率领着十万大军，一路上风餐露宿，逢山开路，遇水搭桥，就这样，马不停蹄、人不解盔地行军。大约走了一个月的时间，终于到达了叛军占据的大山。

高兴带着几名卫士，偷偷地来到敌人的营寨下探听虚实。一看，果然十分了得！那座山地势险要，叛军的营寨就设在山上，居高临下，雄视四方。只要一有情况，上面

就可以有得一清二楚。

他还发现，敌人的营寨里有几大堆石头。他猜想，敌人肯定是一发现山下有人，就会往下扔石头，或者射箭。在山上采取这样的战略，完全可以把山下的军队压得不敢接近山寨。高兴牵着马，边走边看，边看边想，一时不知道该怎么进攻山寨。忽然，他打了个趔趄，差点儿摔倒在地，原来是脚底下的灌木丛把他绊了一下。

卫士们连忙过来扶他。他想：咦！山上到处都是密密丛丛的矮小灌木，为什么不用火攻呢？但是，不一会儿他就泄气了，因为前段时间刚下过雨，灌木都是湿的，根本烧不着！高兴只好闷闷地骑着马返回自己的部队，走着走着，一个计谋在他心里产生了……

第二天，高兴便命令士兵们进攻敌人的山寨，他只要求每人带几捆干柴。进攻开始了。士兵们用干柴遮住身体往上面冲锋。等到快要接近敌人的营寨时，士兵们把干柴都扔在那里，然后便迅速撤回了。很快，他们又发动了第二次冲锋，又把一大批干柴扔在了那里。

高兴的士兵们每上去一次，叛军就要发射一阵箭支，投掷一会儿石块。他们见高兴的士兵们总是刚到营寨边就慌忙撤回，以为是怕了他们，因此每次都得意地喊叫着："上来呀！有种的你们上

来呀！让你们有来无回！”气势非常地嚣张、狂妄。

高兴并不在意，依然只是每天让士兵们带着干柴去冲锋，并乘机把干柴扔在叛军营寨前。叛军以为干柴只是用来挡箭和石块的，因此并没有特别留意。

一天，两天……六天过去了，敌人的箭支、石块也差不多全用完了，但他们营寨四周却堆满了厚厚的一圈干柴。

第七天，高兴一声令下，士兵们便举着火把一下子冲了上去。敌人想射箭，没箭了；想扔石块，也没石块了。而高兴的士兵们很快就把叛军营寨周围的干柴全点着了。刹那间，一场熊熊大火燃了起来，“噼里啪啦”直响。干柴越烧越旺，火光冲天，不多久，山上潮湿的灌木也被烧着了，只见漫山遍野成了一片火海。

叛军们想逃跑，高兴的军队则乘胜出击。转眼间，叛军几万士兵就都被杀死了。

高兴巧布干柴计，结果没有伤亡一人，就平息了叛乱。

《元史·高兴传》

本篇成语解释：

1.【风餐露宿】风餐：在风里吃饭；露宿：在露天睡觉。形容旅途或野外生活的艰苦。

2.【马不停蹄】比喻一刻也不停留地前进。

3.【居高临下】立足高处，俯视下边。形容处于有利的形势。

4.【一清二楚】清清楚楚。

韬略似孔明

刘基，字伯温，青田（今浙江文成县）人。明朝初年大臣。知识渊博，豪爽刚正，嫉恶如仇。很有韬略，有胆有识。官至御史中丞。

刘基出生在浙江青田的一个书香家庭，从小就受到良好的教育。他非常聪明，很小就显示出不一般的才智。有一次，老师故意考他，从书上找出几段非常拗口、十分难懂的课文让他背，没想到刘基只看了一遍，就一字不差地流利地背诵了出来。老师暗地里称赞说："真是奇才，将来一定不是等闲之辈！"

还有一次，刘基在书店里发现了一本十分喜欢的书，就取下来翻阅了一遍；第二天，他又去把那本书继续读完。店主人以为他买不起，但见他十分好学，就说："孩子，你要是买不起，这本书我就送给你了！"

刘基说："谢谢！不用了，我已经把这本书全部装在了心

中，再给我也没有用了。”

店主人不信，于是刘基当场从头至尾地把书背了出来，看得店主人目瞪口呆。

很快，刘基就以知识渊博、虚心好学在家乡出了名，大家都说他有诸葛孔明（三国·蜀）之才，说他“韬略似孔明”。

下面就举一个刘基料事如神的例子。

二十三岁那年，刘基考中了进士，做了元朝的一个县官。后来的明太祖朱元璋发动反元起义时，把他网罗到了身边，充当自己的谋士。

朱元璋占领南京以后，心里并不高兴，因为东西两面各有一支军队想把他的部队吃掉，以争夺霸权。西边的那支军队盘踞在长江中游，兵力最强；东边的那一支在长江下游。刚好把朱元璋的部队夹在中间，使得朱元璋成了笼中的鸟，随时可能被擒住。

一天，朱元璋把刘基请到宫中，问他：“现在我们的处境十分危急，你说该怎么办？”

刘基满怀信心地说：“我知道东边那支军队的将领没有大的志向，只想保住自己的地盘，不会有大的作为，可以暂时不去理他。当前主要的危险来自西边那支军队，他们拥有精壮的士兵，大型的兵舰，而且在我们的上游，正好可以顺长江而下，此外这支军队的将领野心很大。”他停了一

聪明不外露，耕读可兼营。——王永彬

会儿，接着说，“所以我认为，我们必须主动出击，集中力量解决西边那支军队。等上游没有威胁了，我们再乘胜出击，就可以一举消灭东边那支军队了。”

不久，朱元璋率二十万水军沿长江西上，找西边的那支军队决战。那支军队号称有六十万人马，而且有几百艘巨大的兵舰，实力远远超过了朱元璋。

朱元璋按照刘基的计策，先派一支小分队守住了敌军的后路，使敌军的粮食来源被切断，敌军军心很快就动摇了。敌军的舰船虽然大，但不灵活，而且用铁链连接在一起。朱元璋抓住敌人的这个弱点，像周瑜“火烧赤壁”一样，用火攻的方法把敌军的兵舰烧了个一干二净，最后，敌军只有几十人侥幸逃脱。

朱元璋在长江中游作战时，东边那支军队果然袖手旁观，想来个“渔翁得利”。可朱元璋打完胜仗以后，马上往东进军，不到一个月便把东边那支军队也消灭了。他的势力一下子壮大了许多。

一切战事的进行，竟然与刘基预料的丝毫不差。事后，朱元璋暗暗佩服道：“真是料事如神啊！”

刘基从此便以“韬略似孔明，料事如神仙”而闻名天下。

《明太祖实录》《明史》（卷一二八）

本篇成语解释：

1.【嫉恶如仇】嫉：憎恨；恶：坏人坏事。痛恨坏人坏事像痛恨仇敌一样。

2.【目瞪口呆】瞪着眼睛说不出话来。形容因吃惊或害怕而发愣的样子。

山羊运军粮

刘秉恬，清朝著名的将领，足智多谋，精于用兵。

行军打仗，将军们最希望得到的是精兵强将。但是在清朝，有一位叫刘秉恬的将军，却在一次率军出征时，除了率领士兵以外，还特意购买了大批山羊带着。

他买山羊干什么？是不是充作军粮让士兵们吃？

不是。他自有妙用。

事情的经过是这样的：

一天，清朝的乾隆皇帝正在宫中与大臣们谈笑风生，忽然从远处的宫门那儿传来一阵急促的喊声："报——"

转眼间，一个传令兵跪倒在乾隆面前，上气不接下气地说："皇上！不……不……不好了！有人在陕西发动叛乱了！"

乾隆一听，顿时慌了神，吓得脸色苍白。因为不久前，费了很多兵力才平息了东方的一场叛乱，没想到过了不到两个月，西边又出事了。

乾隆焦急地向群臣们问道："各位爱卿、将军，谁可以代朕出征，平息叛乱啊？”

过了半天，下面的大臣、将军们一个个呆若木鸡，完全没有了刚才聊天时的那股高兴劲儿，有的人还马上装起了病，向乾隆请假告辞，生怕乾隆派任务下来。因为他们都知道，叛乱发生的地区到处是崇山峻岭，那里地势险恶、易守难攻；更麻烦的是，由于道路狭窄，运粮的车辆根本无法从那里通过。而没有军粮供应的保证，肯定是打不了胜仗的。

聪明的人造就机会多于碰机会。——培根

这时，一个级别不高的小军官站了出来，冷静地说：“皇上，我虽然没有什么本事，但却愿意为皇上去拼死一战！”

乾隆非常吃惊，竟有一个小军官愿意身挑重任！他连忙问这个人叫什么名字。群臣们看到有人自告奋勇，轮不到自己了，于是都大声说道：“这是刘秉恬。”说完还特意把刘秉恬吹捧了一番，说，“他很有智谋，而且英勇善战，可以胜任这一使命。”

乾隆没有办法，只好封刘秉恬为大军的总统帅，命令他马上出征。

刘秉恬出生在离叛乱地不远的地方，知道那里道路艰险，运军粮的车辆根本无法通行，最多也只能供两个人并肩行走。可困难归困难，既然话已说出了口，仗就一定要打。很快，刘秉恬就率兵出发了。

刘秉恬部队英勇备

战，一开始就接连打了几个大胜仗，但是后来却没有进展了。因为军粮远远供应不上，光靠士兵肩挑、背扛太慢了，而且一次运得又不多。后来，刘秉恬含泪撤军了。

在撤军的途中，他时不时地发现有野山羊在山中吃草，忽然灵机一动："我们可以用山羊运兵粮呀！"于是，回到后方以后，他立即派人购买了上万头山羊随军带着，便又出发了。只见部队后面白茫茫的一片，像飘浮的白云尾随着他们。

又到了山区，刘秉恬命令士兵从车上卸下粮食，把粮食分装在早就准备好的小袋子里，然后在每只山羊身上捆上几袋。令人惊奇的是，六只羊就可以驮起一石粮食！

只见那些山羊驮着粮食，在原先车马无法通行的山路上行走自如。一个十分棘手的运粮问题，就这样被刘秉恬轻而易举地解决了。

有了军粮的充足供应，士兵们更是勇猛异常，很快便平息了叛乱。

《清史·刘秉恬传》

本篇成语解释：

1.【足智多谋】足：多，足够。智谋很多，形容善于料事和谋划。

2.【谈笑风生】形容谈话时有说有笑，兴致勃勃而又风趣。

3.【崇山峻岭】崇、峻：高；岭：山。高大而险峻的山。

4.【灵机一动】灵机：灵巧的心思。形容临时想出办法来。

我的中国，我的德国

冯梦月

我从小就喜欢读书，有两个原因使我养成了这个不错的习惯。一是我在幼年总喜欢缠着老爸讲故事，他每次都是拿着书来讲，我自然认定，故事是从书上来的。上小学后，我认识了一些汉字，便借助《新华字典》读我喜欢的故事书。二是老妈不知从哪里听说，看电视对小孩子不好，对眼睛不好，对今后思维也不好，除了让我看动画片外，其他一律不让看，这样逼着我只好去读书。我会因为读书忘了自己坐在马桶上，也会忘了老妈让我去超市买盐。有一个大冬天，老妈见我洗脚看书，怕我冻感冒，不断地催我，结果读书入了迷的我把书当成了擦脚布。

历史书籍是我的最爱之一。尤其是中国古代史，也许是它离我们现在的生活比较远，所以在我眼里倍显神秘。让我爱不释手的，是我上小学三年级时，老爸买的一套少儿版《二十四史》。中国历朝历代形形色色的人物和他们的情感，因为远观，让我着迷。

由于老妈被派到德国工作的缘故，还不满十三岁的我随行来到柏林，开始了留学生涯。刚到德国的那一年，我是在语言学校里度过的。第一次上学，因为迷路，居然在地铁里穿梭了五个小时。第一节课，我都记不起来是怎么听进去的，感觉自己像个傻子。初到德国的我，日常的一切，对我竟然那么地艰难，我很受打去。由于没有德语基础，与德国同学交流不畅，郁闷中，我竟把《二十四史》当成了精神食粮和交流对象，闲来便翻。半年后，老爸来探亲时，我大段背诵给他听，令他惊讶不已。

眨眼之间，来德国已经七年，我逐渐适应了这里的学习、生活和文化。德国中学的历史课主要讲德国、欧洲和美国的历史，滔滔绵绵、跌宕起伏；德语课上接触到的，不是歌德、席勒、海涅、莱辛等世界级古典巨匠，就是里尔克、黑塞、伯尔、格拉斯等现当代文坛巨子的作品，受益匪浅是毋庸置疑的，但我总有一种隔膜感。这也许就是根深蒂固的文化差异，中国的文化已经融入了我的血脉之中。好在有网络这个好帮手，我可以便捷地阅读中文，《论语》、《道德经》、《围城》、《四世同堂》……有一阵子，我还疯狂地迷上了宋代的婉约派诗词，大量搜集、诵读李清照的作品，不仅被弄得"凄凄惨惨戚戚"、柔肠百结，而且还模仿易安居士填词吟诵，以致被老妈笑称"冯清照"。

我的同学不全是德国人，也有来自土耳其、伊拉克、越南、希腊、俄罗斯、美国等国家的。我发现，他们对中国的了解大都仅限于人口众多、计划生育、社会主义、崛起大国等概念，对中国的历史和文化的认知少得可怜，但也有例外。我在德国一所寄宿学校读书时，我的历史老师喜欢研究唐朝和武则天，因为这个缘故，我们成了好朋友。她很佩服我的唐代历史知识，像找到了知音一般。其实，关于唐代历史，我刚入门，她也是略知皮毛而已。我现在就读的柏林洪堡文理中学，汉语可作为第二外语选修。除了学习简单的汉字和语句，还大量阅读翻译成德文的中文小说和历史常识。学到鲁迅的《狂人日记》时，同学萨拉问我，既然儒家思想属于中国的文化传统，为什么"仁义道德"就"吃人"了呢？这真是个好问题！儒家思想的核心虽可浓缩为"仁义理智信忠勇孝悌廉"十个字，但其精神内涵岂可三言两语以蔽之？更何况，中、西价值